神秘の夜の旅

越知保夫とその時代

増補新版

若松英輔

亜紀書房

神秘の夜の旅

越知保夫とその時代　［増補新版］

はしがき

読者に一つだけお願いしたい。反復される越知保夫の作品からの引用を、どうか単なる繰り返しだと読み過ごさないでいただきたい。パスカルが書いているように「同じ言葉が異なった配置によって別の思想を形づくるのと同様に、同じ思想でも配置が異なれば、別の論旨を形づくる」。その可能性を切り開けるのは読者だからである。作品を完成させるのは書き手ではなく、読み手であることを、彼は知っていた。

越知保夫の文学を読むとは、彼の創意を確かめることではない。そうした意図を棄てるところから、彼の批評は始まっている。

目次

信仰の実践と逮捕まで

生前、著作を公にすることなく、一九六一（昭和三十六）年二月十四日、越知保夫《おちやすお》は四十九歳で逝った。しかし、没後二年、筑摩書房から遺稿集『好色と花』が刊行されると、招き寄せられたように複数の理解者が現れる。『好色と花』を読んだ遠藤周作は、「砂漠のなかに金鉱を掘りあてた」ようだと驚きを露《あら》わにし、島尾敏雄は、「最初の凝集があり、（中略）それの持つ充実が私を手放」さない（『私の文学遍歴』）と記した。またこの著作に、現代の日本人にはすでに見失われたかに思われる「日本文化の底流」につながる糸口を発見したと言ったのは、カトリック司祭井上洋治である。平野謙は、『好色と花』の帯に、こう書いた。

小林秀雄のドストエフスキー体験から戦後の造形美術体験を精刻に追体験することによって、愛とはなにか、と問いつづけた越知保夫は、美も真も聖も、愛につらぬかれてはじめて完了すると確信したもののようだ。不幸にして越知保夫は中道に斃《たお》れたが、一貫した問題追尋の美しさは、ここに歴々として明らかである。

力量を具《そな》えながら、それを世間が認める前に逝かねばならなかった越知の生涯を考えると、「中道に斃れた」と書きたくなる平野の気持ちも分からないではない。だが、『好色と花』の刊行後、およそ五十年を経た今、一巻全集（『新版 小林秀雄 越知保夫全作品』慶應義塾大学出版会、二〇一〇年）が新しく編まれ、読者を獲得している現実を見るとき、越知保夫は、彼にしか成し得ない仕事を成し、その一生を終えたようにも思える。

他者の境涯が、自己の生命の秘密を照らす、それが、小林秀雄を通じて越知が経験した人生の秘義だった。自己の生涯が、単に自己表現に終始するのではなく、たとえいくばくかであったとしても他者の道を照らすことに捧げられることがある。越知は、自らの発言が残ることよりも、そうした働きに参与し得ることを切望した、と私は思う。

越知が強調するように、人間の生涯が、自己の表現の場であるよりも、全体性の回復を企図した「実在の共同的な探求」（傍点、引用者）であるなら、残された仕事の細部に、作者の蔵した展開の種子を発見することは、読者の責務である。

*

越知保夫の生涯は、三つの時期に分けることができる。第一期は、洗礼を受け、左翼運動に参加し、転向するまで（一九四一年まで）。第二期は、獄を出て、詩を書き始めたが、病のため中断を余儀なくされ、沈黙を強いられた時期（一九五四年まで）。第三期は、批評を書き始め、亡くなるまでの時節（一九六一年まで）である。

一九一一（明治四十四）年、越知保夫は大阪淀川の近く、現在の西淀川区姫島の旧家に、得次郎・文《あや》夫婦の四男として生まれた。兄弟は彼を含めて五人、その他に三人の姉妹がいる。保夫は、大阪市立愛日尋常小学校四年の時、東京にあるカトリック系の暁星《ぎょうせい》小学校へ転校する。保夫が洗礼を受けたのは、小学校在学中のことである。兄たちも、それぞれ小学校四年生になると、家を出て暁星小、中学、高校へと進んだ。当時、関西から東京へ出て学ぶというのは、一種の「留学」である。両親は、兄弟たちが週末に帰宅できるようにと、麻布に家を借り、関西から家政婦を上京させていた。こうした事実が物語るように、当時の保夫の家庭は経済的に恵まれていた。越知家は代々、地主だったのである。

兄弟たちもまた、同じく洗礼を受けた。彼らも生涯、信仰を守り通したという。こうした環境にあった保夫が、司祭職に就くことを希望したのは自然なことだった。カトリック信徒は、司祭はなるものではなく、召し出される、と考える。信徒は、自らを司祭にして欲しいと祈るのではない。神がそれを望むなら、自らは喜んでそれに従うと宣言するのである。選びは人間の手にはない。選ぶのは神である。事実、後年の保夫は、少年のときには考えもしなかった道を歩き始める。

中学時代、保夫はチェーホフを愛読した。「チエホフは中学時代によく読んだ。事によったら、私が無意識の中に一番感化をうけた作家であるかも知れない」(「チエホフの『三人姉妹』」)と書いている。しかし、彼がそれを自覚したのは、ずっと後のことである。チェーホフは母親の死を契機に、意識の深みから浮かび上がり、越知保夫の作品において大きな位置を占めることになる。

暁星中学校を四年で卒業し、保夫は第一高等学校に進んだ。この頃保夫は、古今和歌集を読み始めている。古今集は、遺稿集の書名にもなった代表作「好色と花」の主題である。

　若き日に作品の着想があったというのではない。しかし、チェーホフと古今集との邂逅《かいこう》が、批評家越知保夫の土壌になっていることは確認しておきたい。また、高校生のとき、偶然、能「熊野《ゆや》」を見た。このときの経験が、十年以上のち、彼が詩を書く契機となる。

　一高、東大を通じて、保夫は中村光夫と同級生だった。卒業後しばらくして、結核で療養生活を強いられたときも、保夫はしばしば中村と会い、文学論を交わしていた。二人の交流は、以後、その時々に形態を変えながら、続いて行く。越知の脳裏には、いつも中村がいた。文字通り同世代の文学者で、越知が真に認めていたのは、中村光夫だけだったといってもよい。そのことは作品から窺い知れる。中村もまた、越知にある畏れにも似た感情を抱いていたのではないだろうか。発言は公になっていないが、決して無視できない同時代人として、中村は越知を認識していた。二人の小林秀雄論を読み比べると、そう思われるのである。

　保夫は大学で仏文学を専攻した。越知の友人である北鍊平が伝えるところによれば、大学の原書貸出の管理台帳に、最も名前が多かったのは中村と越知だったという。そんな彼が、ある日、治安維持法違反で逮捕される。左翼運動に参加していたのである。

越知君とは、高等学校で同級でしたが、当時はほとんど交渉がありません。蹴球部に這入っていたので授業時間のほかは、そっちの方に没頭しているという風でした。

大学に這入ってからも、彼が左翼運動をやって警察に捕ったということを噂にきいて意外に思ったくらいでした。

『好色と花』の再刊に当たって、中村光夫が寄せた序文の一節である。越知は、高校から大学時代の初めまでプレーヤーとしても秀でていた。サッカーに熱中しているように見えた青年の逮捕は、周囲を驚かせた。

その頃すでに、両親が東京に準備した住まいに暮らしていたのは、保夫一人になっていた。ここが地下運動の拠点になった。昼間は何事もないように暮らし、夜は運動のビラを作る日々を続けていたある日、彼は、自宅に踏み込んできた特高に逮捕されたのである。

昭和初期、マルクス主義に感化された青年は多かった、ということで越知保夫の左翼体験を終わりにすることはできない。彼はキリスト者であっただけでなく、聖職者になることを胸に抱いて生きた人である。

当時、教会にとって、マルクス主義に感情的に傾斜するだけでも異端的だった。活動家となることは、瀆神《とくしん》的行為だったといってよい。その壁を越え、越知は運動に参加した。周囲にはプロレタリア作家として左翼運動に参加した者もいた。しかし、越知はあくまでも一人の活動家として運動に連なった。彼にとって左翼運動への参加は、文学的な出来事では全くなかった。後年の越知は小林秀雄における無私の精神を論じ、「自己の思想」は、小林にとって「何か汚らしいもの」と感じられていたかもしれないと書いているが、左翼運動に入る決意を固めた彼に、左翼作家たちの声は、あまりに「自己の思想」を叫び過ぎるように映ったのではなかったか。

社会的な不条理を文学的に表現することが、彼の望みだったのではない。革命の実現を待望したのでもなかっただろう。彼の問題意識はもっと具体的で、直接的だったように思われる。

私には小林が考えているものは結局、愛ということになるのではないかと思う。キェルケゴールは愛についての思索の中で、キリスト教の教える隣人とは何かという問題について、あなたがいま部屋で神に祈りを捧げた後その部屋を出て最初にぱったりと出会った人がすなわちあなたの隣人であると言っている。これは小林の考え方と意外によく似ている。キェルケゴールの考えている隣人は、まさに小林の考えている偶然的に絶対的に直接的に与えられたものである。

（「小林秀雄の『近代絵画』における「自然」」）

実践した人間でなければ、こうした文章を書くことはできない。判然とした文章として私たちの眼前に現れるのは、後年のことだが、隣人への強い思いがなければ、背信的であった行為に踏み出す積極的な理由は見当たらない。彼は、唯物論と唯「神」論の間で揺れ動いたのではない。そこにさまようことは越知には怠惰な行いだと思われただろう。それは眼前の隣人とは何も関係がないからである。彼の選びは、信仰かマルクス主義かの二者択一にあったのではない。自己探求か隣人かにあり、彼は後者の道を選んだ。彼にとって左翼体験は、政治的であるよりも、むしろ宗教的な出来事だったのである。

高校時代から、越知保夫は哲学者吉満義彦が指導していたカトリック研究会に参加していた。吉満こそ、保夫の師である。今日、吉満を論じる人は決して多くない。だが、彼が忘れられているのは、その業績が今日性を失ったからではない。吉満義彦は、西田幾多郎、井筒俊彦と並ぶ独自の思想を表現した、字義通りの「哲学者」だった。

しかし、広大な射程を視野に展開された彼の思想を、端的に知ることができる「主著」が存在しない。このことは、おそらく吉満が論じられなくなったことと無関係ではない。主著を公にする準備が整ったかと思われたとき、吉満は病に身体の自由を奪われる。彼が逝ったのは一九四五年、四十一歳である。吉満を理解しようとする者は、『吉満義彦全集』五巻に向き合うことを求められる。そこに収められた諸作は、今日もなお、彼を凌駕するのが容易ではないことを明示している。

岩下壮一亡きあと、吉満は、日本カトリック界を代表する哲学者として、思想界、宗教界に限らず、文学の世界においても積極的に発言した。座談会「近代の超克」(『文學界』一九四二年九月など)に、小林秀雄、河上徹太郎、中村光夫、西谷啓治、下村寅太郎らと共に参加している。このことは吉満が、当時思想家として獲得していた評価を物語っている。

この座談会は、今も時折、議論の対象になる。座談会から三十年後、中村光夫が当時の吉満の発言に注目した。「吉満義彦氏のルネッサンスと古代にふれた発言、小林秀雄氏の歴史家や哲学者の文章が「日本人の言葉としての肉感を持つて居ない」（中略）という指摘など、残念ながら、現代でも少しも古くなっていない」（『憂しと見し世』）と中村は書いている。

吉満は文学者とも広く交わった。堀辰雄、小林秀雄、渡辺一夫は親しい友人である。主筆をつとめた雑誌『創造』には、仏文学者・木村太郎などの同人をはじめ、彼を慕って文学に深い関心を抱く人々が集まった。後継者に文学者が多いのも、「詩人哲学者」と呼ばれた吉満の特性の現れである。詩人野村英夫、批評家辻野久憲、中村真一郎、加藤周一、そして遠藤周作らは、それぞれ吉満義彦から影響を受けた。

野村英夫と辻野久憲には少し説明が必要かもしれない。野村は堀辰雄に、辻野は萩原朔太郎に深く信頼された。野村は、フランスのカトリック詩人フランシス・ジャムを受容した人物である。また、辻野はアンドレ・ジッドの『地の糧』、フランソワ・モーリアックの『イエス伝』、ジャック・リヴィエールの『ランボオ』などの訳者でもあった。

カトリックの文学者が昭和初期の文学に与えた影響は、別稿をもって論じるに値する。日本におけるカトリシズム文学の歴史は、越知保夫を含め、無名性を旨とした人間たちによって形成されてきた。さらに、昭和前期におけるその優れた実践者たちの多くが、夭逝《ようせい》といってよい死を迎えなくてはならなかったことも、今日私たちが、その軌跡をつぶさに確認することを難しくしている。しかし、そうした現実と、行われたことの真実とは、必ずしも関係がない。彼らの営みの真意が問われているのは、半世紀以上経過した今だからである。

越知が阿佐ヶ谷の自宅に吉満を訪ねたのは、出獄以来患っていた結核が小康状態を得た一九三九年である。このとき二人は、小林秀雄について言葉を交わした。その後、心身両面の困難から蘇生というべき道程を経て、越知が批評家として最初に発表したのが、「小林秀雄論」だった。その冒頭を、越知は、吉満を訪ねたときの追憶から始めている。越知保夫は、批評を書くことで吉満義彦と小林秀雄が出会う場所に立ち、その地点を垂直に掘り下げた。もし、越知が著作を出すことがあれば、おそらくそれを吉満に献じただろう。越知には吉満義彦論の心づもりもあったかもしれない。それほどに強い精神的継承が、二人の間にはある。

越知は小林秀雄とリルケを共時的に論じた最初の人物だが、吉満はリルケに流れる神秘家の血を、真に認識した最初期の日本人だった。ドイツ文学者であり、優れたリルケ研究者でもあった塚越敏が、「もっとも優れた理解者」として吉満義彦の名前を挙げ、特異な位置を与えていることは注目してよい。塚越自身、その視座を継承するというのだろう。越知保夫もまた、そのひとりである。吉満の「リルケにおける詩人の悲劇性」はリルケ論としても秀逸だが、その影響は長く越知保夫の中で生き続けたと思われる。吉満のリルケ論が『創造』に発表されたのは一九四〇年、越知が吉満を自宅に訪ねたのは、その前年である。

吉満と越知の場合、二人をつないでいるのは信頼や尊敬以上に「霊性」、すなわち「霊」を希求する態度である。ここでの「霊」とは、いわゆる霊魂とは、ほとんど関係がない。それは絶対的超越者を意味する。この現実世界において、いかに「霊」の働きを発見するか、それが二人の間に横たわる根本問題だった。彼らにとって、「霊」はいつも他者と共に存在する。そうした人間を、二人は「民衆」あるいは「隣人」と呼び、彼らとの協同を一義的な問題に据えた。

「霊性」が継承されるとき、第三者には、離反かと思われるような経験を経て、実現されることがある。越知保夫の左翼体験は、師吉満義彦への反発などではない。越知が考えた吉満から継承した霊性の実践だったのである。二人の師弟関係は、左翼運動への参加を挟んでも、途絶えることはなかった。師弟には、外部からは容易にうかがい知ることができない絆がある。だから、越知は以前と同様、吉満を訪ね、実質的な第一作となった「小林秀雄論」の冒頭で、「十五、六年も前のことである。当時健在で居られた吉満義彦先生のお宅を訪ねた折のことである。偶々小林秀雄氏（以下敬称を略す）の話が出た」、とその日の出来事を語ったのである。

マルクス主義に対し、当時のカトリック教会は、無神論を掲げる破壊的な政治勢力として批判、弾圧することに終始し、一方、それが出現する歴史的必然性には、向き合うことはなかったばかりか、黙殺した。しかし、マルクス主義が、メシアの到来を希求する人間の精神が生み出した不可避な精神的衝動だったことを、熟知していたのもカトリック教会だった。だから、教会はそれを恐れ、どの思想よりも強力に対抗したのである。反共産主義という利害の一致から、ファシズム勢力までも容認するに至った歴史的事実が、その恐怖心の大きさを反証している。

しかし、マルクス主義者たちにもまた、宗教に対して同等の誤謬があった。彼らも、宗教を恐れたのである。自分たちが実現しようとしている社会を樹立するには、唯物論という思想だけでは充分ではないことを、思想的指導者たちは知っていた。

「諸人を振ひ起《タ》たしめんとならば、その身に於て魔をもたざるべからず」というバクーニンの言葉を、石川淳が自らの作品（「本居宣長」）に引いている。真実の覚醒を実現するには、人間を超える者の助けが不可欠だというのだろう。バクーニンにとって「無神論」とは、神の不在を論じることではない。彼が拒んだのは、神ならざるものを神として論じる観念の遊戯である。

教会は「民衆」に対して、手を差し伸べることをしなかった。「民衆」が階級となり、集団を形成し、プロレタリアートと呼ばれるようになると、彼らは教会にとって、救われるべき人間である以前に、恐怖の対象となった。一方、マルクス主義は、まるで苦悩と絶望を火種に世界を焼き尽くすかのように、猛烈な勢いで広まっていったのである。多くの若者たちは、火が燃え広がる方向へと進んだ。既成の社会制度と慣習あるいは差別までも、それは焼き払うかのように見えたに違いない。

だが、このとき越知保夫が凝視したのは炎ではない。その奥で苦しむ人間である。炎に幻惑されただけなら、彼は活動家にはならなかっただろう。彼の周囲にいた人々と同じように、プロレタリア作家として党の「細胞」になっていたかもしれない。

我々は何時も自分自身であることに不安を覚え、何事からも身を引こうと身構え、絶えず脱出を夢みている。父であること、子であること、夫であること、日本人であること……、そうした総べてが、ただもう無意味で、重苦しく、不安なのだ。愛していても、憎んでいても、寝たり食ったりしていても、いつも不安なのだ。現在の自分と和解することが出来ず、これを信ずることが出来ず、そこに根を下ろすことが出来ない。自己への誠実は、絶えず自己を裏切ることとなる。

（「小林秀雄論」）

左翼体験前夜の越知を思うとき、この一節が思い浮かぶ。「我々は」と越知が書いているように、ここで語られているのは、彼個人の不安ではない。感じられていたのが、自己の存在基盤の揺れだったなら、越知は教会へ赴き、祈っただろう。彼が感じているのは、存在世界自体の揺れである。彼は、単に時代的な危機を通過していたのではない。むしろ危機が、越知保夫という人間を通じて顕現しているのである。

だが、彼は、我が身に起こっていることを知らない。眼前に、貧困と不平等、いわれなき差別に、今と未来を閉ざされた人々がいる。見渡せばどこも困窮に満ちているとき、跪《ひざまず》いて祈るのではなく、一個の活動家として左翼運動に列する道を、越知保夫は選んだ。

　このとき、一つを選ぶことは、もう一方を棄てることである。越知にとって左翼運動への参加は、教会からの離別だったが、信仰を失ったのではない。むしろ、信仰が実践を強いたのではなかったか。信仰は営為によって証しされなくてはならないと彼は信じた、そう思われてならない。だが、「自己への誠実は、絶えず自己を裏切ることとなる」。

ルウジュモンにとっては、パッションはそれ自体としては実体のない虚無であるが、我々がこれに捧げる生血をすすって生きる偶像であった。それと同じようにドストエフスキーは思想の中に、時代の偶像、時代の誘惑者を見た。彼は自分自身がこの思想の毒を呑み、この実体のない偶像が人間の若々しい清純な生命を食いほろぼし、その血をすすることによって如何に魅力を帯びてくるかを身をもって体験したのだ。そして彼の周囲に彼と同じ犠牲者を見た。彼は思想がパッションであることを深く理解し、そういうものとして思想を表現したのだが、そこに、彼の文学の秘密があるように思われる。

（「『恋愛と西洋』に対するサルトルの批評について」）

「思想」の文字に傍点をふったのは越知である。「生血」を捧げたのは彼だった。読者は、彼の脇腹から滴り落ちる一すじの血を見はしないか。

ここで、思想と宗教は概念上の区分でしかない。マルクス主義は、もう一つの「宗教」であると多くの人が発言した。ベルジャーエフやバートランド・ラッセルら思想家たちが指摘するように、キリスト教とマルクス主義は、その構造において近似している。しかし、越知保夫における左翼体験は、そうした視座からだけでは解決できない問題をはらんでいる。

遠目に見る者には、外的構造もはっきり見えるだろうが、それを生きた者には、複雑に絡み合った迷路のような道に映った。高見順も越知と同時代に、思想と宗教の相克を生きた一人だが、最晩年、高見はベルジャーエフの論考を読み、それを内側から生きた人間にとっては、その内容に興味を引かれないと書いている。

「この実体のない偶像が人間の若々しい清純な生命を食いほろぼし、その血をすすることによって如何に魅力を帯びてくるかを身をもって体験した」のは、ドストエフスキーだけではない。越知保夫自身である。

ここで重要なのは、思想的構造の分析ではない。越知保夫という、時代の実存的危機を背負った一個の人間である。越知は、自らの左翼体験について一切語っていない。隠したのではなかった。彼は、「取るに足らぬわが身」に起こった出来事に過ぎない、と思っていただけである。

マルクス主義が「宗教的」だったのは、そのドグマが救済を宣言し、予言的かつ終末論的だったからだけではない。そこに何事かを賭けて参与した人間の営みが、「宗教的」だったのである。そこに参加した人間の熱情が、「思想」を「宗教」に変貌させたのだった。だから、この「思想」はのちに、「宗教」と同質の内部矛盾を多く内包することになる。

当時において、マルクス主義は、私たちにとって単に社会変革の理論ではなかった。それは、「われらいかに生くべきか」を私たちに教えてくれる倫理的な規範であり、さらには宗教的な何ものかでさえあった。ソヴィエト連邦は神の国のごときものであったし（プロレタリア・メシアイズムという言葉を聞いたこともある)、共産党の活動家たちは神の国の福音の使徒たち、少なくもその宣教者たちであった。しかも、その神の国は近いというのが、彼らの確信であった。

(井上良雄『戦後教会史と共に』)

この井上良雄の言葉が、越知保夫の著作にあっても不自然ではないばかりか、むしろ、二人の精神がここまで接近していたことに驚く。井上は越知よりも四歳年上である。先に記された時代の空気は、年を経るごとに濃くなっていった。『戦後教会史と共に』は、井上良雄が八十八歳のときに刊行された、自伝的要素を含む文集である。マルクス主義と信仰の問題が、いかに長く、また生々しいまま、井上のなかで生き続けたかが分かる。

だが、私はこうした発言を予想して、井上の著作を手にしたのではなかった。刊行されたのは一九九五年、自己をあまり語ることのなかった井上が、人生の最晩年に何を書き残すのかと、私の周りでも、複数の人間が深い関心をもって刊行を待っていた。

井上良雄は、二十世紀を代表するプロテスタント神学者カール・バルトの翻訳者であり、戦後日本のプロテスタント界を代表する文筆家で、ある時期、注目を集めた批評家だった。井上は批評家として出発したのである。

近代日本の批評の歴史を語る上で、井上良雄を見過ごすべきではない、と最初に指摘したのは平野謙である。続いて、吉本隆明、梶木剛が批評を書き、さらに時をへだてて富岡幸一郎、新保祐司らが論じるという道程を経て、今日、批評家井上良雄もまた、日本精神史にある位置を占めている。私の周りにいた人々は、井上が批評の筆を折った内心の理由が語られるかと思ったのである。しかし、それはつぶさに確認されることなく、落胆の声も聞かれた。

批評家越知保夫を、最も早く論評したのは平野謙だった。「《くろおぺす》による越知保夫や小島輝正をひそかに「畏敬」すると書きつけておいた覚えがある」と書いているように、越知の生前、すでに平野は、この無名の批評家にただならぬ意味を発見している。越知の没後、ほどなくして『くろおぺす』は追悼号を出したが、そのときも平野は越知に触れた。『くろおぺす』は関西を拠点にする文芸同人誌で、発行人は安水稔和、編集人は小川正巳である。同人には先に名前が出た、小島輝正や越知が親しくした山田幸平、小川正巳のほか、杉本秀太郎、多田智満子らがいた。

二年後さらに平野は、『好色と花』が出る直前、一九六三年一月、『文學界』に連載された「文学・昭和十年前後」の最終回として、「ふたつの小林秀雄論」を書いた。

「ふたつ」とは井上良雄と越知保夫、それぞれの小林秀雄論である。しかし、この章は単行本『文学・昭和十年前後』には収録されていない。改題され『さまざまな青春』の「小林秀雄」として再生する。「小林秀雄」と題されてはいるが、読者の印象に残るのは、井上良雄と越知保夫という、二人の「非職業的な文学者」が歩いた軌跡なのである。当然のことながら、平野は井上の『戦後教会史と共に』を知らない。越知の左翼体験についても論じられていない。しかし、同じ時代を生きた平野は二人に、思想と宗教を生きた特異な存在を認めていたのかもしれない。

井上は二〇〇三年、九十五歳まで生きた。平野とも交流があった彼は、おそらく自分が論じられた平野の文章を読み、越知保夫の名前も知っていただろう。『好色と花』を手にしていたかもしれない。井上の主著は『神の国の証人ブルームハルト父子』である。

ブルームハルト父子は、共にドイツに生きたプロテスタントの牧師で、彼ら自身傑出した人物だったが、カール・バルトが彼らから受けた影響を隠さなかったことで、いっそう注目を浴びた。彼らは、人々に悔い改めや回心を促しただけではない。その周囲では、聖書にある奇蹟物語を再現するような病気の治癒すら、しばしば行った。だが、「徴《しるし》」に眼を奪われてはならないと言明することを、ブルームハルトは忘れなかった。この親子の生涯が明らかにするのは、この世界におけるキリストの勝利である。神秘を拒み、聖人を認めず、聖書にすべてを見出したという表層的なプロテスタント理解は、ブルームハルトにおいて俗説として退けられる。「生ける神」はこの人物を通じて、雄弁に自らの姿を顕した。

井上のこの作品を、近代日本が生んだ最も優れた批評の一つだと、カール・バルト論を書いた批評家富岡幸一郎は言う。同感である。この著作に見えるのは学者の筆致ではない。批評家の文体である。

一九八二年に公刊された井上良雄のブルームハルト伝を、越知保夫が読むことはなかった。だが、もし手に取ったなら、沈黙していたとは思えない。「信仰は謎の解決ではない。解決を求める心の抛棄《ほうき》である」（「小林秀雄論」）と信じた越知にとっても、「生ける神」は、第一義の問題だったからである。

高見順は井上良雄と同年の生まれで、同窓の友人だった。高見が闘病のために入院を余儀なくされた最晩年の一年に、二人は急速に再接近する。高見の『闘病日記』にはこんな言葉がある。

一月四日〔昭和四十年〕

マルクス主義と宗教。これをいかに統一的に把握するか。この問題をいかにして解決するか。

私にとって今、これは重大な問題である。

一月二十八日〔昭和四十年〕

マルクス主義は私の学生時代においては、一種の宗教であった。今日から思うと、それはあやまりであった。(中略)

マルクス主義は単なる経済理論ではなく、科学であり哲学である。哲学と科学の統一であり、世界観である。それは今でも、あやまりではないと思う。しかし無批判的な宗教的帰依はあやまりだった。

高見が平野謙の仲立ちで井上と面会するのは、同年三月十日である。このとき高見にとって井上は、マルクス主義を超えて、信仰の世界で生きる人間の代表者である。

「私はキリスト教に、そして仏教に、苦しみからの心の救いをもとめている。苦しみ、恐れから除かれる安心をもとめている」と、亡くなるおよそ一カ月前に高見は書いている。こうした人間が思想を前に、「宗教的帰依」という表現を用いている。それが意味するのは単なる思想的共感を超えた、修道士を思わせる無私の服従、文字通りの献身である。

中村光夫は、越知の逮捕に触れ「噂にきいて意外に思ったくらいでした」と他人事のように書いているが、彼もまた、若き日にマルクス主義に接近した。中村の実質的な第一作はプロレタリア小説「鉄兜」である。一九三二年、中村はこの作品を同人誌『集団』に発表する。越知が逮捕されたのと同時期である。中村の左翼運動からの離反は、この作品からそう遠くない。文学を単なる「手段」として用いようとする左翼思想に、中村は同調することができなかったのである。中村も自らの転向について、縷々《るる》述べてはいない。しかし、プロレタリア文学者たちが、逮捕後一転して弁明するような転向小説を書き始めたとき、中村は猛然と口を開いた。

左翼作家の「転向」を糾弾しない、その点において、中村は、他の批評家と区別されなくてはならない。「転向作家論」における中村光夫の論点は一つである。転向作家たちは、おそらく人生最大の経験となる「転向」を、なぜ、内面で熟成させることなく、いたずらに言い訳めいた作品を書き、臆面も無く、それも矢継ぎ早に発表し続けたのか。プロレタリア文学を破壊したのは官憲ではない。それは外部からは容易に壊されえない何ものかを有していた。しかし、自己弁護に終始する作家たちのあまりに未熟な態度が、むしろ、この「新しい」文学を内側から破砕《はさい》したと中村は指摘する。

出獄早々、刑務所を題材にした私小説を書く作家の性急さ、またはそれらの氾濫にまかせる読者の甘さを甚だ日本的な風景だと云ふのである。ドストイェフスキイが「死の家の記録」を書いたのはシベリア流刑後十数年を経てからである。(「転向作家論」)

歴史上未曾有の大事件を、つかの間の小事にしてしまったのは、弾圧者ではなく、むしろ転向者たるプロレタリア作家である。重大な経験は、秘められた真実の深みに比例するように、発露までにも時の犠牲を要求する。大きな経験があれば、必ずそうなる。今、求められているのは表現ではなく、沈黙ではないか、重大な経験が真実の告白となるには、時の経過とそこに絶え間ない自己否定が不可欠である、と中村は言う。

「転向作家論」を読むたびに、私は越知保夫を思う。越知がドストエフスキーに触れた「小林秀雄論」の一節が思い起こされる。以下の引用文中の「彼」は、ドストエフスキーの小説『罪と罰』の主人公ラスコーリニコフである。

> 彼がソーニャの面上に見ているものは、もはや時間の彼方の一つの永遠である。人は永遠を前にして止まることを知る。その時何かが起る。……この何かを作者は一応復活という名で呼んではいるが、小林〔秀雄〕によれば、それは通常考えられているような精神上・生活上のどんな革新とも凡そ似ていない、作者ドストエフスキーのシベリア体験につながる、最も語り難い彼の思想の秘密を形づくっているものなのである。

若者の血を吸い上げ、肥大化していく「思想」の恐怖を経験した人間として、越知がドストエフスキーを論じるのは先に見た。この一文は、越知保夫の左翼体験が、単なる思想的出来事を遥かに越える次元で生起していたことを、はっきりと告げている。越知こそ、自らに沈黙を強いた真実の「転向」作家であり、表現の奥にある深遠なる沈黙に、ドストエフスキーの秘密があることを看破していた。

「転向作家論」がきっかけになって、中村光夫と中野重治の間に論争が始まる。このとき中野に向けた言葉は、そのまま自身に返ってくることを、中村は熟知している。中村の相手は中野でなくてはならなかった。当時、中野重治に可能性を見出して左翼運動に参加した人物は、平野謙をはじめ少なくない。中村光夫もその一人である。

自分は小林秀雄と中野重治の間にある、と平野謙が書いているが、同じことは中村光夫にも言える。平野は中野重治に、中村は小林秀雄に接近したというのは外面的な事実に過ぎない。晩年の中村が、最晩年の中野重治に「聖者」の面影を見たと書いているのは、比喩ではない。このとき「中野重治」は固有名であると共に、昭和初期における日本プロレタリア芸術運動という思潮が蔵していた良心を意味してもいる。プロレタリア文学に「何の関心も持つことができなかった」と言った井上良雄ですら、「中野重治という唯一の例外」との留保を付けている。

しかし、越知保夫の作品を見ても、中野重治の名前を見つけることはできない。この事実は、越知がプロレタリア文学から完全に切れたところにいたことを示している。越知は「転向」についても、直接的には一切語ることはなかった。私たちがそうした事実があったことを知るのは、中村光夫や越知が寄稿した『くろおぺす』の同人たちの証言を通してに過ぎない。

この点においても中村は、越知に常ならぬ何かを感じていただろう。だからこそ、『好色と花』の序文で、本人が沈黙した左翼体験に言及したのである。深い挫折はあった。しかし、態度を豹変させるような政治的「転向」は、越知には、最初から起こり得なかった。彼の精神の基軸は、運動の前後で変化することはなかったからである。あったとすれば、信仰的挫折である。この点において越知保夫はむしろ、中野重治に近い。

幼少の頃の生活を「仏教の薫染《くんせん》」と中野は表現している。中野重治は一九〇二年、福井に生まれ、幼い頃、祖父母に育てられた。福井は浄土真宗の盛んなところである。彼の祖父も、真宗の篤信家だった。それも「異安心《いあんじん》」、すなわち真宗で異端とされる信仰を持っていた。

石堂清倫《きよとも》によれば、中野重治が社会主義という思想に出会ったのは、マルクスあるいはエンゲルスの著作ではなく、浄土真宗の改革を唱えた清沢満之《きよざわまんし》の弟子である暁《あけ》烏敏《がらすはや》と、彼に同調した藤原鉄乗、高光大船といった仏教者を通じてだった、という。

石堂は、マルクス／エンゲルスの優れた訳者であり、アントニオ・グラムシにいち早く注目し、終生、社会主義者であると共に、社会主義が内蔵する危険から眼をそらさなかった、稀代の思想家である。また、石堂は中野重治と同郷であり、青年時代、新人会、共産党時代、あるいは党除名の後も、変わらぬ信頼のもと協同の関係を維持した。そうした彼が、中野の没後、遺言を書き遺すかのように語り始めたのが、中野重治における革命思想と仏教の関係であり、その先にあった「転向」の真実である。

「暁烏グループの宗教改革運動は、そのまままっすぐに人間の社会的・政治的解放の運動に飛躍した。青年たちは歎異鈔をさえ古いものからの解放と読みとり、解放者暁烏のところに集った」（「中野重治のはじめとおわり」）と石堂は書いている。

暁烏敏は、第二次大戦のときには戦争を鼓舞する立場を取り、戦後は、かつて批判していた宗門の中核に位置するという生涯を送った。しかし、「この人の社会主義者時代を否定することはできない」（「中野重治の人と思想」）、とも石堂は書いている。また彼は、暁烏敏が一九二〇年、中野重治が参加した夏期講習会の前年、社会主義同盟に参加する意志があった事実を伝えている。

ここに詳論することはできないが、中野重治がほかの左翼思想家、文学者と峻別《しゅんべつ》されるべきは、いわゆる思想的ドグマに規定されていないその行動原理である。むしろ、中野の作品を見ても、マルクスへの理論的接近を見つけるのが難しいくらいである。彼がプロレタリア作家になったのは、単なる知的共感からではない。幼児期の頃から彼の中で育まれた理想が実現可能であることを明示されているように思われ、左翼運動に身を投じたのである。

『昭和の文人』で江藤淳が、平野謙の出自に言及している。彼は岐阜県にある浄土真宗の寺、功徳山法蔵寺の長男として生まれ、本来なら僧籍を継ぐべき人物だった。しかし、生前、彼は自らの生家についてほとんど語らず、『島崎藤村』の初版で、父のことを語ったが、版を重ねるとその記述を削った。また、出生の背景に触れるような人物あるいは事象を批評の対象とすることから穏やかに距離を取っていたようにも映る。だが、沈黙した出自は、彼に決定的な影響を及ぼしたのではないか。意識下の出来事だったからこそ、その事実は、具体的な文言、作品名よりも、選んだ対象に現れる。

平野が、中野重治に共感し、井上良雄を、そして越知保夫を発見したのは偶然ではない。また、越知の作品には、平野が反応したように、自らに沈黙を課したはずのことを告白するに至らしめる、強い促しが潜んでいる。

マルクス主義と宗教の関係は、すでに今日的問題ではないというかもしれない。しかし、「時代の偶像、時代の誘惑者」あるいは「実体のない偶像」は、必ずしも「思想」の姿をして顕れるとは限らない。人間を神格化するような疑似宗教など、姿を変えて、今も私たちを呑み込もうと身構えている。

井上良雄も高見順も、宗教的な献身をもってマルクス主義に対峙したことは事実である。しかし、彼らは、その決断を下す時、越知のように背信の思いにとらわれることはなかっただろう。それは中野重治も同じである。中野にとって、左翼運動は、仏教的信心の時代的、実践的あるいは実存的展開であり得た。その点において、越知の選択は、彼らとは次元を異にしたのである。

周囲に散見された左翼思想に共感する人々とも、越知の状況は根柢的に異なっていた。多くの青年は、そこに正義を認めることに罪悪感を覚える必要はなかった。しかし、越知は、真実の意味で隣人に接近するためには、魂の母胎である教会を後にしなくてはならなかった。決断は踏み絵を踏むに等しかった。事実、教会はそうすることは「裏切り」だと言い、マルクス主義者をアンチ・キリストの急先鋒であるとしたのである。

「祈りとは、別の言葉で言えば一すじの道を指す」と越知は書いている。彼にとって祈りは無言の、継続的な営みであることは、この一節からも明らかである。彼は、こう続けている。「リルケの考えているセザンヌはこういう一すじの道を歩みつめた聖者であり、小林の考えている自己の仕事の苦しみに耐えている人もそういう人達である。そういう人達はいつ、どこにでもいる筈なのだ、人間生活というものはこういう人々の忍苦によって支えられているのだ、と小林は考えているのである」(「小林秀雄論」)。そう考えていたのは小林秀雄かもしれないが、越知保夫の意見が別だったわけではない。世界が「人々の忍苦によって支えられている」との発見は、越知にとって、ほとんど啓示と呼ぶべき出来事ではなかったか。「苦しみに耐えている人」を、彼は「民衆」とも表現している。

民衆の気力も純潔も、その智慧もその品位も、すべて心をこれに培われたのであって、このペシミズムを理解することが民衆を理解することとなるのである。我々の傍で我々に忘れられている民衆は、我々の精神の遍歴が最後に行きつく謎である。それは単純で、裸である。が、その沈黙の深さ、孤独の深さをはかろうとするには、ゴッホのいう「深いまじめな愛」が必要なのである。(「小林秀雄論」)

マルクス主義の経験を語ることのないまま、越知が作品中で「民衆」という言葉を用いたとき、同人の間で物議をかもしたことがあった。「私の誤ちだらけの半生を民衆に理解してもらうことは到底不可能なことです。宗教の喪失は我々と民衆との間に断絶をつくりました」、こうした言葉を見るとき、左翼運動における挫折だけでなく、「棄教」とも思われる信仰体験もまた、彼の生涯を太く貫いていたことを私たちは知るのである。

聖書にならい、越知保夫が「隣人」と書けば、周囲は納得したのかもしれない。しかし、単数の「隣人」では足りない。彼には、絶対多数の未知なる「民衆」でなくてはならなかった。彼が左翼運動に踏み込む実存的契機は、彼の視座が「隣人」から「民衆」へと開かれたところにあった。「隣人」への営みが、そのまま「民衆」へと繋がること、彼が求めたものは青春のときから最期まで、変わることはなかったのである。

「民衆」は越知にとって、単なる左翼的言語ではなく、吉満義彦から継承したカトリシズムを表象する言葉だった。それは永遠の他者を意味した。吉満にとって「民衆」

は、プロレタリアートとは異なる実在である、と指摘するのは、『近代日本のカトリシズム』の著者半澤孝麿である。彼はむしろ、この一語に吉満の今日性を見出している。マルクス主義が生まれる前から、プロレタリアは街にいた。「民衆」は階級闘争とは別なところで、それぞれの毎日を送っていたのである。

民衆と民衆のつながりは創造主また救い主とのつながりなることを意味するものにほかならない。日常性を神学的にとることとは民衆を隠されたる天使としてさらに深くキリストの臨在として取ることである。しかもわれわれはただに神学と教会の民衆化を平均化を意味せんとするのではなく、課題はあくまでも民衆的日常性の神学的意識を、教会性を（可能的および現実的、エサウ的およびヤコブ的救済史的教会性を）、その質的変位をまさに民衆性志向において、新しき秩序の創造のためにかかげんとするのである。われわれは民衆とともに民衆の中に神の教会を築かねばならない。日常性の真昼の真理を！

（吉満義彦「民衆と天使」）

この一文が書かれたのは一九三六年だが、精神的原体験である「民衆」をめぐる確信は、一高のカトリック研究会で吉満が越知保夫と出会ったときから、すでに吉満の中で、容易に動かない信念となっていたと思われる。別な文章を引きながら、半澤は「革命家吉満が姿を現わしている」と書いている。「民衆と民衆のつながりは創造主また救い主とのつながりなることを意味する」と言う吉満が提唱するのは、民衆に施す教会の樹立ではない。「民衆とともに民衆の中に神の教会を築」くことである。

ここには左翼思想よりも、いっそう過激な「質的変位」を提唱する哲学者がいる。ジャック・デリダは「脱構築」は起こすのではなく、起きるのだといったが、吉満がいう「質的変位」は、デリダの脱構築とほとんど同義である。彼が訴えるのもまた、創造的解体なのである。

歴史に過ちを犯し続けているのも「民衆」であることを、吉満は忘れない。彼は「民衆」を礼讃しない。しかし、究極的な意味における「民衆」は、その本質において存在の純粋態、すなわち「天使」の異名であると言う。彼にとって「天使」は比喩的表現ではない。事物以上に生々しい実在だった。

左翼運動に身を投じた越知は、師吉満義彦に離反したのだろうか。運動に参加するとは、彼にとって、キリストの福音に反することだったのか。越知は信仰と吉満の教えに誠実だったからこそ、教会で祈ることをやめ、左翼活動家として立ったのではなかったか。彼が試みたのは、思想的実践ですらなく、「わが身を使い果たしたかったから」だけだったのではないか。

「歴史的見地にせよ、心理学的見地にせよ、人間を上から眺めている人は、自分が同じ人間であることを忘れている。その人の立っている場所からは、物がよく見えるかもしれない。が、見えすぎるのである」（「小林秀雄論」）。一般的見解を述べているのではない。越知は自らに言っているのである。マルクス主義の活動に身を投じることで、彼は自らに生起していることが、「思想」的出来事ではないことを証明しようとしたのではないだろうか。この一文を書いた越知保夫は、四十歳を過ぎていた。「民衆」を「上から眺めて」いるのが嫌で、彼は活動家になった。しかし、「思想」に没入するのに反比例して、「民衆」との距離は大きくなっていく。残ったのは、不在の「民衆」と呼ぶべき亡霊だった。

獄からの解放は、すなわち「転向」があったことを意味する。しかし、彼にとって、マルクス主義に基づいた社会的活動の停止を約束すること自体は、大きな失望にはならなかったと私は思う。むしろ、眼前にいる苦しむ人々に、何ら差し伸べる手を持たないことに、彼は無力と非力を痛感し、大きく落胆しただろう。彼が結核を病み、死と隣り合わせの生活が始まったのも、この頃からである。

詩と愛

獄を出て間もなく、彼は結核を病む。闘病に多くの月日を費やさなくてはならなかった越知保夫が、文筆に割くことができた時間は、そう長くない。詩人として二年、この間に十年の沈黙があり、批評家として活動したのは七年に満たない。その間も、彼が無病であったことはなかった。

一九四〇年、越知保夫は鎌倉にある極楽寺の裏手に暮らし、療養生活を送っていた。中村光夫としばしば会い、議論を交わしたのはこの頃である。中村が越知を訪ねたのだった。「山にかこまれた静かな二階で、寝たり起きたりしている彼とよく半日をすごしました」(『好色と花』〔一九七〇年〕への「序」)と中村は書いている。

当時中村はすでに『二葉亭論』(芝書店、一九三六年)を刊行し、モーパッサンの『ベラミ』と、フローベルのジョルジュ・サンドへの書簡集の訳者でもあった。『フロオベルとモウパッサン』が刊行されたのも一九四〇年の六月である。『戦争まで』の冒頭に収められている「パリ通信」は、中村光夫が小林秀雄に宛てた公開書簡であることが示すように、中村は小林の衣鉢を継ぐ者と世間は考えた。彼がフランス留学から帰国したのは一九三九年の末、越知がしばしば会うようになった中村は、文字通り新進気鋭の批評家だった。

「話題は大概文学のことでしたが、彼はフランスの本はもちろん、日本の古典なども興味をもって読んでいたようで、その印象を、断定的でなく、しかし執拗く固守する風に話すので、議論するには面白い相手でした」と中村光夫は記している。当時、越知は小説を書いていた。「煙草について」と題された、兄弟のいさかいを良心の問題としてとらえた作品で、「なかなかしっかり書けていました」と中村は読後感を伝えている。論争家でもある中村が「議論するには面白い相手」と書くところには、相当の讃辞がある。

越知は最晩年、「中村光夫論」を書きたいと周囲に洩らしていた。『志賀直哉論』で中村が、近代とは祈りが失われゆく時代であるといった発言を受け、「祈りに対立するものが、技術であるとすれば、祈りの喪失とは技術化ということになるが、それが近代といえるかどうか。少くとも中村の学んだフローベェルの近代にそれが言えるかどうか疑問である」（「小林秀雄論」）と書く越知にとって、中村の言説はときに、そのまま受け入れ難かっただろうことは、その作品からも読み取ることができる。
しかし、「中村はどこかで自分は価値を引っくりかえしたいのだと言っていたが、彼の真意は、祈りの喪失という消極的な契機を積極的な契機に転じたいというところにあるのだと察せられる」と続けるように、越知は、その問いかけが無視できないものであることを、痛切に感じていたのである。

この問題をもう少し考えて見ると、祈りとは、別の言葉で言えば一すじの道を指す。（中略）ところが、中村にとっては、現代人にはそういう道は失われているのだ。いくつかの可能性の中に自己を分裂させているのが現代人の生きている姿である以上、彼の現にとっている道は、こうした可能性の中の一つにすぎない。それはあく迄も偶然的な一時的なものでしかありえない。（中略）一すじの道、祈りの道というものは美しいかも知れない。しかしそういう道を信じていられる人は幸な人というべきであろう。何故なら現代はそういう道を奪われた人々にみちているのだから。いかに多くの人々が己れ自身の軌道から投げ出され、思いがけない境遇で思いがけない暮し方を強いられていることか。こういう人に一すじの道という思想がどんなに残酷な意味をもつか。中村の思想はこういう現代の考え方を代表しているとも見られるのである。

越知の「小林秀雄論」にある一節だが、これまで書かれた中村光夫論の中で秀逸なだけでなく、中村を覆う、私小説の批判者あるいは論争好きの批評家という先入観を、打破する力を持っている。中村光夫と近代日本は、確かに論じるに値する主題であり、これまでも論じられてきた。だが、中村光夫が「祈りの喪失」を論究していると指摘した人は、越知保夫の前にはいなかった。

ここでの「祈り」とは、祈願の成就ではなく、超越者に自らを捧げることを意味する。すなわち、魂の純潔を希求する人生への態度を意味すると思ってよい。中村光夫における文学に対する純潔は、彼にまとわりついている先入観と偏見を超えて、その作品中に、強く現存している。中村が『風俗小説論』『志賀直哉論』をはじめ、谷崎潤一郎論、佐藤春夫論で批判するのは、文学を手段とし、自我の表出を第一義とする文学観である。

その対極にいる人物として中村が敬愛したのが、二葉亭四迷だった。それは敬愛ではなく、同化と表現した方が正しいのかもしれない。初期の二葉亭論にあるように中村は、「どこまで彼〔二葉亭〕の姿であり、どこまで自分の幻であるか、僕はそれを弁別する術を持たなかった」（「二葉亭四迷評伝」）のである。中村がこの作品を上梓したのは、ちょうど越知との交流を再開した頃である。後年、『フロオベルとモウパッサン』の執筆当時を振り返って、その頃、フローベルは、確かに自分の「神」だったとさえ書いている。中村は文学を信じることから出発している。

二葉亭は、文学は一生の事業ではないと言ったとされる。しかし、中村が見る二葉亭は、文学とは、そうした不確実なものゆえに、かえって愛さねばならないということを、生涯を通じて体現した人物だった。

すべての存在を一にする愛とは、おそらく人間の能力を超えたもので、神の愛としてしか考えられません。しかし二葉亭はこういう愛を人間の究極の理想として、どこか遠くの方におくことでは満足できませんでした。「理想は幻影のみ」と信ずる彼は、このような絶対の愛を、たとえ片鱗でも、実生活のなかで実現しように焦《あせ》るのです。

（中村光夫『二葉亭四迷伝』）

淡々と書かれているが、二葉亭を論じながら、中村は自身の内心を吐露している。『批評』は吉田健一を編集長に、中村光夫、山本健吉など、小林秀雄、河上徹太郎に続く世代の批評家たちが、一九三九年に創刊した同人誌である。越知保夫が参加するにあたっては、中村光夫の仲立ちがあった。越知は、一九四一年十一月に初めて詩を寄稿した。今日私たちが読むことができる彼の詩はすべて、雑誌『批評』に発表されたものである。

寄稿は、一九四三年八月まで続いたが、一九四一年の末か翌年の初めごろ、戦争の激化と健康状態の変化から、越知は鎌倉を離れ、兵庫県仁川の療養所に移り、そこから詩を送り続けた。同人の集まりは当時東京で行われていて、すでに関西に移っていた越知は参加することはなかった。このとき彼が山本健吉、吉田健一などの同人に出会い、交わりを深めることができたならと思うのは、中村ばかりではない。

「此の特輯にあって越知保夫君の詩は番外であると考える向きがあるとすればそれは誤りである。蓋し近代の詩人の手に成る優れた作品の特徴はそれ自体が一つの近代論であることなのである」（『批評』一九四二年一月）と吉田健一は編集後記に書いている。しかし、この吉田の言葉は、越知の詩を不可解だという者が一方にいたことを明らかにしている。

高校に入ったばかりの越知は、能「熊野」を見た。知識もなく内容も分からないまま、公会堂の二階から「呆然と数時間を過ごした」（「能と道化」）だけだったが、「不思議な魅力」を感じた。「当時宗家をとび出した梅若六郎が各地で能を一般公開していた頃だった」と、のちに越知は書いている。梅若六郎とは、白洲正子が聞き書きを著した、のちの梅若実である。それから十余年たったある日、突然「熊野」のイマージュが彼を襲い、湧出した言葉は詩になった。以下に引くのは、その時につくられた「牛車《うしぐるま》」である。

花ちるしたのうしぐるま
やつれしひとの面かげを
仄かにのせてわが曳ける

花ちるしたのうしぐるま
風のさそひにおもふせて
つつむ肌へはあせたれど
まつげをそむる花びらに
なみだの色もはゆるらん
影しづかなるあゆみにも
花のひかりのうつろへば
かなしき鈴をならしつつ
花ちるしたのうしぐるま
花ちるしたのうしぐるま

「うしぐるま」に乗っているのは彼ではない。彼自身は「仄かにのせてわが曳ける」一人の男である。車に乗る「やつれしひと」とは、かつてゴルゴタの丘で、世界を贖《あがな》うために死んだナザレのイエスと呼ばれた男ではないか。彼もやつれていた。「うしぐるま」が意味するのは、生そのものだろう。また、ここに描かれているのは、肉体と魂の物語かもしれない。「やつれた」魂を肉体が「曳く」。越知は、この詩が誕生したときのことを、こう記している。

その頃興味をおぼえはじめた古今集を読んでいる途中で、偶然に心に浮んだ戯れの一節にすぎないのだが、私としては、はじめて自己の存在の深部にふれることのできた詩なのである。それまでやってきたことには、まだ何一つ確かなものがなかった。否、本当に確かなもの、たよりになるものがどんなものか知らなかった。そういう私は、この詩ではじめて、自分自身の声を聞きわけることが出来、そこに覗いている内心の告白——それは、私には、何か疑いようのない或るものを明かしているように思われた——に驚かされたのである。

（「能と道化」）

「告白」に「驚かされた」という受動の表現は、その時の出来事の現況を、そのまま伝えているのであろう。それは前触れもなく、突然起こったのである。詩を書きたいと願う人間が、詩人なのではない。リルケが言うように、詩人は「委託」と呼ぶべき秘儀を通過しなければ、何ら語る言葉を持たない。その人物が書いた詩を通じて、何者かが自らを顕すとき、彼は詩人になる。

「自分自身の声」とは、私たちが語ることを止めると無音のまま響き渡る、沈黙の「声」である。このとき彼は、人間には不死なる何ものかが内在する、そう書いてもよかったのである。この「声」の体験は聴覚に訴えるのではない。しかし、それを感受する人間には、「聴いた」と思わせる出来事である。それは越知がしばしば論じた、自己を解析し、知ることを止め、真実の意味で信じようとした「旧約的精神」を生きた人々を思わせる。事実、この詩は、彼にとってほとんど啓示的出来事だった。しかし、その出来事に秘められた本当の意味を彼が理解したのは、批評を書き始めてからである。そこには十年の歳月がある。

越知保夫の詩の様式を見て、時代錯誤を指摘することは容易である。しかし、彼は古今集の時代を懐古したのではなく、その「時」を生きていたのだとしたら、彼が目撃したヴィジョンのまま言葉を紡いでいたとしたら、どうだろう。

詩人は見人《ヴォワイヤン》（voyant）でなくてはならないとランボーは言った。越知保夫は確かに詩人たる資格をそなえた人だった。彼の詩は抒情詩ではない。叙事詩である。彼は「見た」ことをそのまま詩にしたのである。

「牛車」は、詩人越知保夫の初期の作品である。後期の「しづかなる瞳」あるいは「啓示」になると、詩的世界の様相は変わってくる。これらの詩にも「やつれしひと」の面影はある。しかし、それは「牛車」とは少し違った様子なのである。以下にそれぞれの詩から一節を引いてみる。

しづかなる瞳をみれば、しづかなる笑まひを見れば
幸はひのあまり深きに、わが心いたく怯えぬ
世の人もいふにあらずや、幸はひは夢にすぎずと
もろもろの歯がみと嘆きいつの日か襲ひきたると
あゝ吾はこれを信ぜず、ひたすらにこれを否めど
人の世のかなしき定め、背きえぬことを思へば
そはいつか、いつの日なるか、逃れえぬさだめの時は……?

（「しづかなる瞳」）

その人の静かなる笑みを見ると、「幸はひのあまり深きに、わが心いたく怯えぬ」、あまりの幸福の深さに、怯えを覚えるというのである。また、その幸福が過ぎ去るのを恐れるというほど、彼は法悦に満たされている。さらに死の到来を乞うような、「いつの日なるか、逃れえぬさだめの時は」という表現すら現れる。「啓示」においては、そのヴィジョンもいっそう苛烈さを増す。

わが肉の五つの傷に、わが愛のしるしを見ずや……?
かくばかり鞭打たれつゝ、かくばかり衰へ果て、
汝がために流せし血なり、わが愛の淋しき血なり
唇をひそかにあてゝ、乳のごと、甘きを啜れ……!

(「啓示」)

イエスは、左右それぞれの手、重ねた足の甲を貫通するように釘を打ち込まれ、さらに脇腹を槍で突かれて死んだ。「わが肉の五つの傷」とはこの人物がキリストであることを示している。「わが愛のしるしを見ずや」という言葉は、使徒トマが復活の

キリストと出会っても、それを信じようとしなかったとき、キリストが自らの傷跡に、トマの指を入れさせたという新約聖書の記述を暗示し、作者が、トマと同じく、キリストを信じ切ることができないことを表している。

この詩は、当時の越知の心境を如実に伝えている。おそらくこのとき彼は、筆舌に尽くしがたいある甘美な体験を経ている。「汝がために流せし血なり」、「唇をひそかにあて丶、乳のごと、甘きを啜れ」。このエロス的表現は、彼が遭遇した出来事が、いかに直接的だったかを物語る。ただし、ここでいう「エロス」は、性愛とほとんど関係が無いところまで純化されている。後年、越知は「エロスは純粋への欲望である」とのドニ・ド・ルージュモンの言葉を引いている。エロスが求めるのは魂である。

ルウジュモンにとっては、エロスは、本来divin（神的）なものであって非人間的なものである。「エロスは純粋への欲望である」とも言っている。それは自己から発し、自己に閉じこめられ、自己を無限に昇華しつつ、遂には自己を否定するに至るところの果てしなき欲望である。（中略）ルウジュモンは「エロスには近き者がない」L'Eros n'a pas de prochain と言う。

（「『恋愛と西洋』に対するサルトルの批評について」）

恐ろしい、その状況を玩味しつくした人間でなくては書くことのできない言葉である。純粋を求め、エロス的であることは「神的」だが、非人間的なものである、「それは自己から発し、自己に閉じこめられ、自己を無限に昇華しつつ、遂には自己を否定するに至るところの果てしなき欲望」だというのである。出口のない神秘主義的世界を思わせる。それが「神的」な姿をして現れるとき、人間はどうやって抗うことができるだろうか。「つきつめて言えば、ルウジュモンにとっては、パッションとは虚無の誘惑であり、死の誘惑である」と彼は言う。

あゝ君が心に燃ゆる
愛の火の消ゆるのちまで
灰のみの残るのちまで
われが名は人に言はじと

誓ひてよ　いとしき人よ

（「誓ひ」）

後期の越知の詩に、他者の姿を見つけるのは難しい。判然としているエロスである。今見た、ほとんど最後の詩である「誓ひ」に至っては、エロスに包まれ、彼の姿が見えなくなっている。この作品の後、越知は長く沈黙することになる。しかし、もし彼が、このまま詩を書き続けていたなら、私たちは、批評家越知保夫を知らなかったかもしれない。それほど、彼のエロス的経験は強烈だったといってよい。

戦災などが重なり、物心両面において困難に見舞われた当時の生活を彼は、中村光夫に手紙で伝えていた。戦前は豊かだった生家の財力も、このころになると彼を養うには十分ではなくなる。生活の困窮と肉体の衰弱は、詩を書くことを奪ったのかもしれないが、彼の魂をすくいあげたともいえる。

「当時、「書ける」、あるいは「書けない」という言葉が越知さんの口癖であった」（『好色と花』あとがき」）と山田幸平は書いている。また、「越知さんと親しかった人は、皆、あの戦後の混乱期に姫島の生家に病臥しなければならなくなった時期が、その絶望のもっとも深かったことを知っている」との山田の言葉もある。

戦後、『批評』が復刊したとき、中村光夫は越知に批評の執筆を勧め、越知はチェーホフ論を試みたいと答えた。しかし、それが書かれることはなかった。書けなかったことは、越知を苦しめた。「己は痩身を横たえながら、戦後の活潑な文学運動を望見し、思想の二元的分裂に更に魂をさいなんだことでもあろう。のちに当時の境涯を指して、「流刑」という言葉を微笑を以てかぶせてもいたが」とある山田の言葉もそれを裏づけている。

関西での療養時代は、越知保夫にとって、文字通り冬の時代だった。春になり花が咲く。暖かさが開花を促すのは事実だが、花をはぐくむのは、むしろ冬である。

越知の作品を読んでいると、「裏切り」という言葉が幾度か出てくる。それは他者への裏切りを意味することはほとんどない。「彼〔マルセル〕はそこに人間と生とのpacte（契り）に対する裏切りが潜んでいると考えている」（「小林秀雄論」）と記されているように、越知が論じるのは、自己への、あるいは「生」そのものへの「裏切り」である。次の一文は、彼が直面していた日々の実相を、如実に語っているように思われる。

病気、死、運命の敵意を経験しなければならなかった。生きることは苦痛となった。これが人間が理想の楽園を追われて時空の世界へ足をふみ入れた時、見出すものなのである。そこに裏切りや争いや過誤がある。

（ルウジュモンの『恋愛と西洋』を読む」）

カトリックの信仰者である彼にとって、自己の生への「裏切り」あるいは「過誤」が意味することが何かを考える。さらに「生きることは苦痛となった」、「そこに裏切りや争いや過誤がある」という言葉が意味することを重ね合わせると、いつも自死の思いを傍らに生きた越知保夫の姿が思い浮かぶ。彼はそれを試みようとしたことさえあったのかもしれない。越知は、pacte（契り）に触れ、「それは我々の中にあって我々自身にすら手をふれることができない部分であり、一切の論議を超えたものである」と書いている。それは、触れ得ないものに触れようと試みた者だからこそ、発することができた言葉だと私は思う。

彼は死ななかった。右の文章に越知は、こう続けている。「しかも我々の思想も感情もすべてこの我々の中にあって我々自身をこえた或る神秘によってはじめて意義をもつのである」。断定的に発言する背景には、そう言わしめる経験があったからだろう。さらに、彼はこう書いている。

ランボオが現実に世界に帰るために嘗めねばならなかったあの苦しみは何を意味するのであろうか。そして彼を最後に世界に連れ戻したものは、貧しさ humilité ではなかっただろうか。〔中略〕〔現実世界への〕復帰は、決して超越の否定ではない。復帰することは超えることなのだ。それは自己を超えて世界へ帰ることなのだから。ガブリエル・マルセルは、時間の超越という問題について、こう言っている。我々に時間を超越させるものは、プルウストが誤って考えたように、記憶ではなくして、忠節 fidélité である、と。

（「『恋愛と西洋』に対するサルトルの批評について」）

これらの言葉も、境界の経験者の告白として読むとき、私たちは「貧しさ」に耐えながら、しかし生に留まることに、真実の意味と恩寵を発見した精神に出会うのである。ここで確認したいのは、彼の内心に生起した「裏切りや争いや過誤」の内容ではない。むしろ、それらを包含しながら、彼を「一切の論議を超えた」別世界に導いた出来事、キリスト教の世界でいう「復活」体験である。

復活体験とは、超自然的治癒が起こることではない。むしろ、現実には何の変化も起こらなかったとしても、世界の存在が本来的に奇跡的であることを、深く認識することである。病は容易に癒えず、作品を書くこともできない。苦痛と困難はそのままである。他者の眼には、何ら変わったことはなかっただろう。しかし、彼が生きている場所は、前の瞬間とは別な次元にある。「我々自身をこえた或る神秘」が、万物に「意義」を与えている真実の世界を、彼は垣間見たのである。

戦後、おそらく一九四九年、もしくはそれより少し前、越知保夫の弟正五が、自宅でカトリックに関係する書籍の出版社、公教社を起業する。聖歌集などの教会に関係する刊行物のほか、木村太郎のエッセイ集『詩と信仰』も刊行している。

木村太郎は、暁星中学校で、越知の兄昌三の同級生でもあった。また、先に見たように吉満義彦の親友、カトリック文芸誌『創造』の同人でもある。フランス文学者としての業績には、ジョルジュ・ベルナノス、ライサ・マリタンなどの翻訳がある。木村は、一九五二年以降、仕事の斡旋、往復書簡による激励などを通じて越知保夫を支え、批評家の誕生へと導くことになる。

当時、カトリック姫島教会は、越知家にあった。保夫の家が「教会」だったのである。古屋孝賢《たかとし》神父も、彼の家に暮らした。しかし、越知はまだ、教会への復帰を果たしていない。住まいが教会になっても、当初、彼はミサには参加しなかったのである。「当時、剛直な越知さんの自我と、柔和な、あたかもチェスタートンの小説中にあらわれる神父さんのような古屋司祭との闘いは、それ自体、一個の劇であったろう」と山田幸平が『好色と花』のあとがきに書いている。山田は生前、もっとも越知の近くにいた人物の一人である。

越知保夫がカトリック教会へ復帰するのは一九五〇年、療養所から実家に戻ってしばらくしてからである。復帰してからの彼は、マルセルを論じ、しばしば彼が用いる表現である「忠節」が示すような敬虔さをもっていた。彼は若き日に自ら離反することを選んだ、矛盾多き「教会」のすべてを是としたのではない。それが倒れゆくのであれば、傍観するのではなく、支える人間になることを選んだのである。

一九五一年ごろ、木村太郎の仲介で、南山大学外国語講座の講師となり、同じころ兄昌三の長男昌夫が勤務していた大阪府立社会事業短期大学で、そして五九年には『くろおぺす』の同人小川正巳の紹介で、神戸市外国語大学の講師となっている。いずれも非常勤で、専任にはなれなかった。病身のためである。

この頃のことではなかったかと思われる。彼はある日、新聞社につとめていた友人と、お茶を飲みながら話をしていた。何気なく、友人はつぶやく。「病気になるということは実に大変なことなのですね」

友人は、当時、ハンセン病の療養所をめぐるある事件があって、その被害者と自分を重ねてそう言ったのだろう、と越知保夫は書いている。しかし「私はその言葉を聞いた時、急にそれまで自分を閉じ込めていた壁が取りのぞかれたような心持がした」というのである。

言葉を受けた者が「壁が取りのぞかれたような」深い解放を経験した以上、生起しているのは、慰めや励ましを超える出来事である。それまで越知は、人生に何を求め得るかと懊悩していた。しかし、このとき彼が発見したのは、自分が何を求めるかではなく、人生が自らに何を望んでいるのかという視座である。人間は人生への質問者ではない。問いを発するのは生である。人間はそれに応答することを求められている。どう応答すべきかは容易に見つからないとしても、問われているのが自分だと知った者が最初に試みるのは、生からの問いに耳を澄ますことである。

病気は存在しない。病に苦しむ人間がいるだけである。「大変」なのは病気ではない。それを背負う人間である。こうした素朴な視線はときに肉体を突き抜け、心の奥底に届く。このとき、越知の友人のまなざしが見るのは病気ではない。病の向こうにいる真実の越知保夫である。

まなざしが「見た」、心の奥にある何ものかを魂と呼ぶことにする。魂に触れた人間は、その実在を認識するが、触れられた者も、自分のなかにそれが在ることを知るのである。

先に最晩年の高見順が井上良雄に会ったことに触れた。肉体の終わりが遠くないことを、本人を含め周囲が感じ始めていた。事実五カ月後に高見順は亡くなる。このとき井上良雄は、自らが訳したシュザンヌ・ド・ヴィスムの書簡集『その故は神知りたもう』を送る。シュザンヌの手紙を読むと、病身の越知保夫が思い浮かぶ。

著者は名の知れた人物ではない。一八八五年、パリにプロテスタント・ユグノー派牧師の娘として生まれ、牧師と結婚、教会の日常を支えながら、自らも日曜学校の教師として活動したという女性である。この書簡が残らなければ、おそらくヴァレリーが言う「無名のひと、おのれを出し惜しむひと、告白することなく死んでゆくひと」(『ムッシュー・テスト』清水徹訳)として過ごした人物である。

一九二九年十一月、それまで頑強にさえ見えたシュザンヌを突然ガンが襲う。彼女はおよそ三年後、一九三二年十月二十七日に亡くなる。書簡集は、その間に彼女が書いた手紙をまとめたものである。本人はもちろん、自分が親しい人々に書いた手紙が世界で読まれるなどとは想像すらしていない。編者も「ここに収めた手紙の筆者は、公衆に知られるということに対して、一種の嫌悪の情を持っていた」との一文から、この著作の解説を始めている。だが、書き手の意識が無私で充溢している分、内容は世紀をまたぐ強靭さと真摯な告白に満ちている。

> やはり寂しい時はございます。けれどこうして外面的には何もせずにいる間にも、神様がこれまでわたくしからお求めになったのよりは、ずっと大きな仕事をお望みになっていることが、御恵みによってわたくしにはわかります。それは忍耐と服従の仕事でございます。
>
> （『その故は神知りたもう』井上良雄訳）

綴られているのは狭義の宗教的悟達の表現ではない。彼女の言葉は、同じ信仰を持たない人の心へも届くだろう。生前シュザンヌは人望を集め、自他共に認める優れた宗教的実践者だった。しかし、病に蝕まれ、肉体の自由は奪われ、家族とも離れ、病院で苦しみと寂寞《せきばく》、恐れと不安のなかで過ごさなければならない日々は、これまでの充実した社会的活動よりも、「ずっと大きな仕事」だと言う。「忍耐と服従」を強いられている無力な人間が表現するのは、その人物が行ってきた、いかなる行いをも超絶する、「ずっと大きな仕事」となる。その人に託されるのは、身をもって「愛」の実在を証明することである。

苦痛に苛まれる人間がいる。その傍らにいる者は、あるとき、自らが「隣人」として存在していることに気がつく。人間が他者から「隣人」へと変貌するには、「愛」の仲介を必要とする。その人は苦しむ者を愛したから、「隣人」になったのではない。むしろ、苦しむ者から「愛」を与えられ、「隣人」になったのである。真実の「愛」は「日常性のかげにかくされた真実をひき出す力を持っている。（中略）その時自我から出て自我への動きも自我以上の何物かを語る」（「小林秀雄の『近代絵画』における「自然」」）のである。

その人は、愛する病者を心配し、憂いている。しかし、死を覚悟した病者は、自分亡き後、残される人、あるいはこの世界を、いっそうの「愛」をもって眺めている。だが、思いを言葉にしようとするとき、苦痛がそれを遮り、表現されないままになってしまう。「彼は語ろうとするが言葉をもたぬ。かくして彼の沈黙の身振りは断絶の彼岸からする愛の絶望的な呼びかけである」（「道化雑感」）と越知は書いている。シュザンヌと同質の思いは、死病と離れることがなかった越知保夫の内心にもあったのである。

批評家の誕生

批評を書くに至る越知保夫の心境は、木村太郎に送った書簡に垣間見ることができる。越知からの最初の手紙は一九五二年、二人の文通は、越知保夫が亡くなる前年の一九六〇年まで、期間は八年にわたって続けられ、越知が送った書簡は七十六通に及んだ。越知が、木村の手紙に多くの教導と励ましを見出していたことは、彼の返信に明らかだが、さらに強い働きかけとなったのは、書く機会を与えられたことである。書きたいことがあるだけでは批評家にはなれない。書くという営みが、人間を批評家にするのである。

越知保夫には三冊の訳書がある。哲学者エマニュエル・ムーニエの『人格主義』(一九五三年)、作家ヴァン・デル・メールシュの『人間を漁るもの』(一九五四年)、「農耕哲学者」と呼ばれたカトリックの思想家ギュスターヴ・ティボンの『二人での生活』

（一九六〇年）である。訳書には、アンリ・シャムブルの『キリスト教と共産主義』を加えるべきなのかもしれない。この著作は彼の没後、古屋孝賢神父の名前で一九六六年に公刊されたが、神父自身もあとがきで記しているように、翻訳には越知保夫が深く関与している。

最初の二冊は、木村太郎、松浦一郎との共訳だった。当時の彼には、共訳という形式が合っていた。励まし合いつつ、実際に文章を綴る日々がなければ、彼は書くことを諦めていたかも知れない。「我々現代人の頭の中は、屢々あれもこれもという風に様々な夢で満たされてはいるが、その夢を一つの現実の欲望に変じ、現実の意志と行動を生み出させる何物かに欠けているのだ。我々は戦う前に欲望の方を放棄してしまう。その方が楽だからだ」（「小林秀雄論」）、と当時の境涯を思わせる一節を越知が書いている。

「小林秀雄論」が『くろおぺす』に掲載されるのは、一九五四年九月である。これが批評家越知保夫の第一作になる。越知が同人誌『くろおぺす』の存在を知ったのはいつだったのだろう。『くろおぺす』は、富士正晴、島尾敏雄、久坂葉子らがはじめた同人誌『VIKING』を母体とし、一九五三年に分枝し、始められた。

越知はここに「小林秀雄論」を皮切りに、ルオー論を書き、モンテーニュ、ガブリエル・マルセル、ポール・クローデル、さらに積年の思いを遂げるようにチェーホフを論じた。また、ルージュモンの『恋愛と西洋』との出会いを契機に、彼は「愛」の問題を掘り下げ、さらに、古今集や能を通じて古典の世界へと思索の領域を広げていった。

発表されたのは「小林秀雄論」が最初だが、越知が木村に送った書簡からは、「ルオー」が先に着手されていたことが確認できる。この作品と共に、彼は、書く者として新生した。木村への書簡で越知は、ルオー論を書き始めると、見えてきたのは画家ルオーの秘密よりも、「小林秀雄論」の中核的主題だった、と書いている。

「ルオー」の冒頭で越知は、画家ルオーを全般的に取り扱うことが目的ではない、風景画家としてのルオーを論じてみたいと書いている。奇妙に思われるかもしれないと彼自身が書き添えているように、ルオーを「風景画家」と呼ぶ人は少ない。キリストと道化を描き続けたこの画家は、「受難」の証人として論じられる。ルオーは、しばしばキリストの顔を描いた。また、キリストだけでなく顔に特異な象徴を見出しつつ、彼は筆を動かした。越知保夫は、人間の顔こそ、最も深き「風景」だと言う。キリストの顔は、その元型であり典型である。この作品以来、「風景」は、越知保夫の鍵語になる。それは字義通り、普遍者へとつながる扉の「鍵」となる言葉である。

ルオーはキリストをはじめ道化その他の多くの顔を描いているが、彼にとっては、人間の顔面は風景の中で最も深い謎を秘めた風景であった。彼がそこに見ようとしたものは、我々の日頃見馴れたさまざまな性格や喜怒哀楽などといったものではない。むしろそうした人間的なものを払拭した後の顔というよりも、裸な一つの物、風景の如く不動で厳しく犯し難いもの、一つの宿命の刻印とも言うべきものであった。

（「ルオー」）

また、彼は、この作品で「私にとっては、風景は魂の故郷である」とも書いている。「裸な一つの物、風景の如く不動で厳しく犯し難いもの」とは、「魂」である。ルオー論の展開である「小林秀雄論」で、越知保夫がまず論じたのは「魂」の問題だった。越知にとって「魂」とは、人間が他者へと開かれていく窓であり、超越者と出会う秘められた場所でもあった。

「一冊の書物からこれ程の示唆を受けたという事も近来稀な事である。この読書は私にとっては忘れる事の出来ない経験の一つとなるのではないかとさえ思われる」と、越知はルージュモンの『恋愛と西洋』から受けた衝撃を語っている。偶然『くろおぺす』の同人に借りただけの一冊の本が、これほどの衝撃をもたらすことを、彼は全く予期していなかった。読後の彼は、それ以前とは少し違っていた。ルージュモンはサルトルと同時代に活躍した批評家である。スイス人だがフランスで著作を発表した。愛は、さまざまな形姿をしていても、源流をたどればキリスト教にたどり着く。ほとんど不文律のように「愛」を一元的に語るキリスト教史に、ルージュモンは大きな疑問符を突きつける。

キリスト教の愛もまた、複数ある愛の様相の一つに過ぎない。そればかりか、ヨーロッパ人の魂にある純愛は、キリスト教の愛であるよりも、彼らが異端として退けた、肉体を罪悪視して、禁欲を説くカタリ派の霊性に脈々と息づき、ヨーロッパの騎士道精神へと流入し、現代に継承されてきたとルージュモンは指摘する。

ルージュモンが論じる「愛」は「エロス」である。彼が「エロス」に込めるのは、単なる性愛を超越した、純粋なる「愛」そのものである。「エロス」は善でも悪でもない。しかし、ときに人間を丸ごと呑み込む畏るべき実在である。

『恋愛と西洋』が翻訳されると、邦題は『愛について』となった。それを知った越知は強い違和感を口にした。主題は一般的な「愛」ではない。文字通りの意味で、身を焼き尽くす「恋愛」（エロス）だというのだろう。

ルージュモンは、エロス的愛を「情熱愛」（パッション）とも呼んだ。「情熱愛」は、ルオーが描き出したキリストの「受難」（パッション）とは別な、神なき宗教となって、ヨーロッパ精神の地下水脈に流れ込んだ。徹底した迫害のため、宗教としてのカタリ派の痕跡は、ほとんど確認することはできない。だが、彼らが信じた「情熱愛」への信仰は、糾弾されたことでかえって、人間の意識の奥深くに潜み、その生命を保ったと彼は考える。ルージュモンにとって、「愛」は存在の基本原理に等しい。いわばそれは、異神の名称だと考えてもよい。「エロス」は異教の「愛」である。

ポーはアウグスティヌスの『神の国』を読み、「この書は同意はさせはしないが様々な思想を呼び覚ます力がある」と言ったと、越知は自らのルージュモン論の終わりに引いている。ルージュモンの著作は、越知に解決をもたらしたのではない。問いを提起したのである。

『恋愛と西洋』の登場は、ヨーロッパ思想界を揺るがした。多くの人の内心にありながらも、表現することがためらわれてきた問題に分け入り、大胆な仮説を提示し、論じたルージュモンの言葉に、読者は沈黙を守ることができなかった。代表的な発言者にはサルトルやマーティン・ダーシーがいた。ダーシーはルージュモンの問いかけに、『愛のロゴスとパトス』と題された単著をもって応えた。この著作を日本語に翻訳したのが井筒俊彦である。越知保夫は、この訳業にもっとも真摯に向き合った人物だった。

越知がルージュモンの論考に尋常でない衝撃を受けたのは、その主題を考えたのではなく、その身をもって生きたからである。「情熱愛」は抗しがたい力で「純粋性への非人間的なまでに厳しい要求」を強いる。それは一個人の内面で生起する出来事であるとは限らない。時代、国家あるいは文化の存在基盤をも揺るがす衝動として顕現する。越知保夫がそこに、尋常ならざる恐怖と畏怖を重層的に経験しなくてはならなかったことは、すでに見た。マルクス主義との邂逅、さらに彼は闘病と詩作を通じても、エロスという怪物と、対峙しなくてはならなかったのである。

しかし、日本人にとって、ヨーロッパ的な「愛」は日常の生活を規定する第一原理ではなく、キリスト教的世界観が、絶対的影響力をもって私たちの日常を支配しているわけでもない。日本人にとってキリスト教における「愛」の問題が、いつも現実から遊離しているのは、私たちが異なる「愛」を生きているからである。日本人に、ルージュモンが投じた問いの重大さは伝わりにくい。

万葉集にある「愛」をすべて英語の love に置き換えたなら、一体どんなことが起こるだろう、とその異和に言及したのは井筒俊彦だが、同質の問いは、越知保夫の念頭を離れなかった。越知はルージュモンから提起された問題を、日本の古典論を書くことで深化させた。「〔ルージュモンの〕情熱愛の解釈に興味を覚えた私は、これに相当するものを日本の歴史に求めるとすればどうなるかと考えてみた」と越知自身が言うとおり、古今集を論じた「好色と花」は、日本人における「愛」の伝統と実相を論じるために書き始められた。

ルウジュモンは中世のクールトワジーの中に「愛の宗教」ともいうべき一種の宗教を見ようとしている。私は、王朝時代の「みやび」の発生の中にも或る深奥な「愛」の体験があったのではないかと考えてみた。その時古今集の様式的精神が一つの体験として、エロス的な体験として理解されるようになったのである。

（「すき・わび・嫉妬」）

日本人精神に根付く「愛」の原型は、古今集で歌われた「雅」だと越知保夫は考える。クールトワジーとは、中世フランスを中心に活動した吟遊詩人である。彼らが歌い上げた「愛」が、日本語の「雅」の世界に呼応するというのは、最近では珍しい見解ではなく、むしろ定説になっている。ダンテにおけるクールトワジーの影響を論じた須賀敦子も、「雅」に言及している。しかし、その事実を最初に指摘したのは越知保夫だと思われる。学界がクールトワジーを論じ、「雅」との一致に言及し始めたのは、越知の発言からしばらく時間が経過してからである。

クールトワジーを研究する日本の中世フランス文学の研究者たちが、『好色と花』を読んでいたと考えるのは難しい。彼らは、越知の着想とは別に、同じ結論に達したのだろう。越知の及ぼした影響は決して大きくない。しかし、そのことと批評家越知保夫の力量は別な問題であることを、「雅」をめぐる文学上の出来事が明らかにしている。

「小林秀雄論」と「好色と花」の二篇だけが残ったとしても、私たちは越知保夫の名前を記憶し続けなくてはならない。日本における「愛」を論じることを目的に着手された「好色と花」を書きすすめながら、越知が逢着したのは日本の詩の起源、すなわち、日本人の霊性の始原という主題だった。霊性とは、すなわち実存における霊的「形式」である。それは現実界の制限を突破し、もう一つの次元へと私たちを導く扉の役割を担っている。

「形式の世界は「実」の世界では実現し得ない生命の内奥のものに通じている」との一文で、「好色と花」は終わっている。「形式」とは歌である。それは歌という鍵穴に、鍵である言葉を差し込むかのような営みである。虚空は、その言葉に合わせて無数の扉を開き、真実の存在する世界、「実在界」があることを教える。形式を求める欲求は「人間性の深部から、人間の宗教的な非合理的な本質から発したものであった」、歌は、その始原において存在回帰を希求する祈りだった、と越知保夫は考えている。『詩の自覚の歴史』をライフワークとした山本健吉が、越知保夫を認めていたというのもうなずける。

一九五七年、ガブリエル・マルセルが来日したとき、越知は、二つの講演「真理と自由」と「哲学に何を期待出来るか」を聞いた。また、このとき彼は、マルセルと共に彼の亡妻に捧げられたミサに参列している。マルセルは、小林秀雄、吉満義彦と並んで、越知にもっとも影響を与えた同時代人である。もし、越知にしばらくの時間があったら、彼は、小林がベルクソン論を書いたように、マルセル論を書いただろう。「中村真一郎氏らのマチネ・ポエチックについての共感を耳にしたのも、このような夜更けの楽しさの中であった。いつもはひかえめな人だったが、話題が文学に入ると、強い響きのある大声が出てきた」と、山田幸平が『好色と花』（一九七〇年）への「あとがき」に書いている。

「マチネ・ポエティク」は、『マチネ・ポエティク詩集』で知られることになるが、もともとは、中村真一郎、福永武彦、加藤周一が結成したグループの名前である。命名したのは福永だった。一九四八年『詩集』が刊行されたとき、それを評価する人は限定的だった。越知はむしろ例外だったといってよい。

彼らは、その詩集に見られるような定型押韻詩の創作を試みるためだけに集合したのではない。詩の形式は、その目的の一端を表現しているに過ぎない。中村、福永、加藤は共著として、批評集『１９４６・文学的考察』を著している。この著作は「マチネ・ポエティク」の精神を如実に伝えている。そこに収録された三人の作品を貫いているのは、超自然的世界の肯定と現実世界における普遍の追求である。

『１９４６・文学的考察』も、『マチネ・ポエティク詩集』も、共に刊行元は真善美社だった。最高原理としての「真善美」という概念は、あまりに乱雑に用いられ、すでにその実在を表現していないかも知れない。しかし、戦後間もないとき、それを企業の名称にする精神の純潔は、そのままに認めてよいだろう。

越知は中村真一郎と親交があった。中村が関西に来ると、越知はよく会っていた。

中村真一郎が越知について書いた文章を私は知らない。しかし、二人の間には複数の交差点がある。二人は共に吉満義彦に師事した。東大在学中、中村も洗礼を受けることを真剣に考えたほどカトリックに接近している。吉満は、中村に越知のことを話したことがあったかもしれない。それほど、中村は吉満に近かった。さらに、福永が死の二年前にプロテスタントの、加藤周一が晩年カトリックの洗礼を受けていることも、越知保夫が、彼らに共感していた何かを物語っている。『1946・文学的考察』で、十六世紀に生きたカトリック神秘主義を代表する十字架のヨハネに言及しているのは加藤である。『吉満義彦全集』に長文の解説を寄せていることが示すように、加藤もまた、吉満に強く影響された一人だった。

「彼等は今の瞬間に何をなすべきかを知っていた。家に火がついたら、それを早速、作品化そう《ママ》などとは思わずに、バケツを持って飛び出すのである」（「もう一人のモオリヤック」『1946・文学的考察』）と中村真一郎が書いている。「彼等」とは、モーリアックと同時代に活動したヴァレリー、ジッド、ロマン・ロランなど、ファシズムに徹底的に抗した文学者たちである。二十世紀を代表する無意識の闇を描き出したカトリック作家であるというだけでは、モーリアックの認識として十分ではない、この作家は、意識の奥へと精神の錨を下ろしたが、現実世界でも、言葉をもって時代の闇と戦った、そのことを見過ごしてはならないというのである。この指摘は今も新しい。

中村があれほどまでに吉満に接近しながら、洗礼を受けなかったのは、彼が当時、インドの神秘家ラーマクリシュナに「帰依」していたからである。「帰依」という表現を使ったのは中村である。近代インドの霊性論を試みる者は、ラーマクリシュナを素通りすることはできない。文字通りの「覚者」である。ロマン・ロランが詳細な伝記を書き、シュヴァイツァーが論じ、トルストイ、ガンディーがこの人物から影響を受けた。中村がラーマクリシュナを知ったのは、ロランの評伝を通じてだった。

のちに中村は、作家ジュリアン・グリーンも、ある時期ラーマクリシュナに強く影響されていたことを知る。グリーンの『日記』は中村の愛読書になった。中村と福永は中学校以来の友人である。福永がグリーンの代表作『モイラ』の訳者であるのは、偶然ではない。越知もまた、グリーンの『日記』を愛読した。それが中村真一郎との交流に関係するか否かは分からない。しかし、越知の作品にラーマクリシュナの名前が出てくるのを見ると、具体的な交流とは別に、超越を探求する態度に、高次の共鳴を見ないわけにはいかない。

ホフマンスタールのエッセイで出会ったのであると書きながら、越知保夫は「小林秀雄論」でラーマクリシュナの観照経験を語り始める。観照とは現象界からの逸脱、実在界への飛躍を意味する。プロティノスは生涯に数回の深い観照を経験したが、ラーマクリシュナにとっては観照が日常だった。ラーマクリシュナは世界が多層的に存在することを論じたのではない。彼は思想を構築することに全く関心を示さなかった。彼はそれを生きた。周囲の人間がその言葉を記録し、死後、肉体の代わりに思想が残ったのである。

師〔ラーマクリシュナ〕は十七歳の時、一日、雲のない蒼穹を遠く小さく一群の白鷺が飛翔して行くのを見た。彼は何かに打たれたように地に俯したが、再び立上った時は全くちがった人間になっていたという。私は小林のランボオ体験とは何かこれに似たものではなかったかと思う。イリュミナシオンの詩句が啓示した世界とは、ラマクリシナが見た紺青と純白との対照のみからなる純粋な色の世界のごときものではなかっただろうか。そして小林がランボオの中に見たという、文化や伝統や民族や国家やそうしたものを全く絶した純粋で普遍的な世界とは、そういう世界ではなかっただろうか。

（「小林秀雄論」）

インドに生まれた霊性の巨人と小林秀雄を交差させる視座も新鮮だが、むしろそれを言う越知保夫の言葉の生々しさに驚く。彼は自らの経験を語ることはしないが、ラーマクリシュナに開示された「紺青と純白との対照のみからなる純粋な色の世界」、あるいは小林秀雄の眼前に開かれた「文化や伝統や民族や国家やそうしたものを全く絶した純粋で普遍的な世界」からの招きが、越知保夫にもあったように思えてならない。

越知がラーマクリシュナと小林秀雄に見ていたのは、現象的一致のみではない。「自己を信じるということが、そのまま神を信じることとなり、生きることの根底となる。そういう神でなければ私には解らない」と越知は書いている。自己を信じることがそのまま神を信じることになる、この一節には、千年来、東洋において脈々と継承された霊性が宿っている。

神は全体、わたしはあの御方の一部分。
あの御方は主、わたしは召使い。………

あの御方こそ、このわたし。
わたしこそ、あの御方。

（『不滅の言葉《コタムリト》』一八八四・九・二九　奈良康明訳）

『不滅の言葉』はラーマクリシュナの言行録である。「わたしこそ、あの御方」、すなわち私が「神」であるとこの覚者は宣言する。啓示的経験とは、異界の開闢《かいびゃく》を目の当たりにすることでもあろうが、自分とは誰かを知る、強いられた覚の経験でもある。かつて、同じ言葉を口にしたイスラームの神秘家ハッラージュは、瀆神《とくしん》の罪を背負わされて、死刑台の上に生涯を終えた。ハッラージュは自分が神であると言ったのではない。自分を含む万物は、神なしにはあり得ない、すべては「神」の働きが変じたものであると言明したのだった。

ハッラージュを本格的に論じた最初の日本人は吉満義彦である。越知が、ハッラージュが論じられた吉満の代表的論考でもある「神秘主義の形而上学」を知らなかったとは思えない。吉満に続いてハッラージュを論じたのが、井筒俊彦だった。

越知は『くろおぺす』に四十一号まで、二十八篇の作品を寄稿した。四十二号が越知保夫の追悼号である。没後、四十三号に遺稿「バロック雑感」が収められている。

亡くなる前年、越知保夫は香川悦子と結婚する。彼が、彼岸へ渡ったのは、長男保見が一歳にならないときだった。保見が生まれると越知は、これから自分の書くものは、すべて息子への遺書だ、と言ったという。急逝だった。彼は最後まで書き続けたのである。

『好色と花』のあとがきで、山田幸平が触れているように、越知保夫は「中村光夫論」と「ピエタ論」を準備していた。「小林秀雄論」で越知が、現代を祈りなき時代だといった中村光夫に触れていたのはすでに見た。生前、辛辣な批判者、怜悧な論争家だと思われていた中村に、求道する精神を発見していたことだけでも、批評家越知保夫の慧眼を認めるべきだろう。祈りの喪失を明らかにできるのは、その真義を知る者だからである。

あるエッセイで中村光夫はいった。「人生の大事を決定するのが、賭けと祈りの熱情である」。中村もまた、臨終のときに洗礼を受け、アントニオ・パドアの霊名を受け、逝った。越知保夫がもし、それを聞くことがあっても驚きはしなかっただろう。書かれなかった「中村光夫論」は、祈りを主題に展開した作品だったように思えてならない。

ヴァティカンのサン・ピエトロ寺院にある、ミケランジェロの「ピエタ」を知る人は少なくないだろう。しかし、ミケランジェロにはサン・ピエトロのピエタの他にも、三つの「ピエタ」がある。フィレンツェのピエタ、パレストリーナのピエタ、ロンダニーニのピエタ、四つ皆、十字架から降ろされたイエスをマリアが抱く姿を刻んだ彫像だが、姿は異なる。ピエタ（pietas）は「敬虔」を意味する。越知は「敬虔」に触れ、こんな言葉を残している。

それは我々の中にあって我々自身にすら手をふれることができない部分であり、一切の論議を超えたものである。しかも我々の思想も感情もすべてこの我々の中にあって我々自身をこえた或る神秘によってはじめて意義をもつのである。それをマルセルは敬虔 piété とよんでいる。

（「ガブリエル・マルセルの講演」）

「ピエタ論」が造形美術論で終わることはなかっただろう。人間イエスとキリストが不可分であり、死が分断ではなく、即自的に復活とつながる出来事であることを論じた一篇になっていたかもしれない。マリアは生者を代表し、抱きかかえられるイエスは死者を象徴している。死者の魂は、愛となって残された人の心に生きる。「ピエタ論」は魂の不死を論じる作品だったようにも思われる。

エッサイの株からひとつの芽が萌えいで
その根からひとつの若枝が育ち
その上に主の霊がとどまる。
知恵と識別の霊
思慮と勇気の霊
主を知り、畏れ敬う霊。

（旧約聖書　イザヤ書十一章）

翻訳だと分かりにくいが、ここには七つの「霊」が謳われている。知恵、悟り（識別）、思慮、剛毅（勇気）、知識（知る）、そして畏れと敬いである。最後の一文「主を知り、畏れ敬う霊」は、「畏れ（timor）」と「敬い（pietas）」とに区別される。「敬い」がすなわち敬虔である。

この七つの「霊」は、すべて「聖霊」から分有されたものであると論じているのは、『神学大全』を書いたトマス・アクィナスである。「トマスはこれを、人間を超自然的に完成するために魂に注がれる聖霊の七つの賜物であると解釈する」と『神学大全』の訳者山田晶は書いている。すなわち、敬虔とは、聖霊がこの世界に自らを顕す際に選ぶ、あるかたちだというのである。

聖霊は「神」の性質ではない。「神」そのものである。「神」には、父と子と聖霊という三つの自己顕現する姿（ペルソナ）がある。三つのペルソナは、三つの神を意味しない。一なる神が、それぞれの時に応じて姿を顕す、それがキリスト教三位一体の信仰である。「子」は、イエス・キリストである。イエスが十字架上で死んだのちは、「神」は聖霊となって現象界に臨在する。

人間に敬虔の心があることを知らせることによって、「神」は自己の存在を顕現させる。すなわち敬虔とは、聖霊である「神」が、自らの実在を世界に告げ知らせる出来事である。敬虔を論じることは、即、聖霊論になる。越知保夫の「ピエタ論」も、聖霊論から乖離《かいり》したものではなかったと私は思う。

越知がムーニエの『人格主義』の訳者だったことは先に見た。ムーニエがいう「人格」は、性格ではない。「ペルソナ」である。「人格主義」の原語は、ペルソナリスム

(personnalism）である。この言葉からも分かるように、ムーニエの「人格主義」とは、哲学的な聖霊論である。今、世界は「聖霊の時代」にあると言ったベルジャーエフが、ムーニエに共鳴したのは必然の出来事だった。

遺稿集の出版は有志からの出資によってまかなわれ、資金提供者には、親族や山田幸平、多田智満子といった『くろおぺす』の同人、中村光夫、木村太郎のような彼に近しい人、中学、高校、大学時代の同窓生ら、そして、伊吹武彦、生島遼一、島尾敏雄など文学者も、複数名を連ねた。フランス文学者渡辺一夫の名前もそこにある。渡辺は、東京大学の教授として辰野隆《ゆたか》、鈴木信太郎の系譜につらなる人物だから、学生時代の越知保夫を知っていて、遺稿集出版の企画に参加しただけだと考えることもできる。しかし、渡辺一夫と吉満義彦、あるいはカトリシズムの関係を考えてみるとき、もう一歩踏み込んだ意思があったのではないかと思えてくる。

大学での講義の後、渡辺は同僚でもあった吉満と、大学近くの喫茶店で、毎週のように懇談を楽しんだ。あるとき、信仰に話が及んで渡辺が、自身は人間を超える何かを感じることはできても、宗教に入信することはできない、それでもいいのだろうかと吉満に尋ねた。それでいい、と吉満は応える。信仰は必ずしも入信を伴うとは限らないというのだろう。その言葉に深く動かされた、また、吉満から改宗に類する発言は一切なかった、と渡辺は書いている。中村真一郎も同質の言葉を残している。

信仰とは人間的努力の結果与えられるものではない。無条件に与えられている恩寵である。それは獲得するものではなく、個々の人間が発見するべき何ものかである。何人《なんぴと》たりとも、その営みを妨げることは許されていない。それは、自身も改宗者であった吉満義彦の不文律だったといってよい。以下に引くのは一九四五年三月十一日の渡辺一夫の日記である。東京は空襲され、壊滅的打撃を受けた。

思い出も夢も、すべては無惨に粉砕された。試練につぐ試練を耐えぬかねばならぬ。カルヴァリオの丘における「かの人」の絶望に、常に思いを致すこと。（中略）かの人の苦悩に比すれば、今の試練なぞ無に等しい。

（『敗戦日記』）

「かの人」とは、大工の子として生まれ、叛逆者として逮捕され、侮蔑の言葉を浴びせられ、両手、両足に太い釘を打ちこまれ、脇腹に槍を突き刺されて十字架上で死んだ、ナザレのイエスと呼ばれた人物である。渡辺は『好色と花』を読み、何を思っただろう。

『フランス・ルネサンスの人々』を読むとき、越知が訳したムーニエと渡辺の近似を認めないわけにはいかない。「ユマニスムは、思想ではないようです。人間が人間の作った一切のもののために、ゆがめられていることを指摘し批判し通す心にほかなりません」、『フランス・ルネサンスの人々』の一節だが、同書を論じた大江健三郎の文章に見つけた。それは、大江が師である渡辺の精神に見ていたものを物語っている。続けて、渡辺はこう書いている。

従って、あらゆる思想のかたわらには、ユマニスムは、後見者として常についていなければならぬはずです。なぜならば、あらゆる人間世界のものと同じく、人間のためにあるべき思想が、思想のためにある人間という畸型児を産むことがあるからです。

人間をあらゆる思想的呪縛から解放することが、人格主義の最も重要な使命であるとムーニエは言った。渡辺一夫が「ユマニスム」と記したところをそのまま、ペルソナリスムと変えればムーニエの言葉になるだろう。

聖者論——越知保夫と小林秀雄

ある日、吉満義彦と小林秀雄は、偶然バスに乗り合わせた。かねて話をしたかったと小林は、吉満を小料理屋へさそう。酒を飲みながら小林は、「矢張り一元論なのだろうね」と吉満に言い、聖書は比類を絶した書物だ、これに比べれば、他の書物など読むに足らない、と洩らしたという。当時、小林は評伝『ドストエフスキイの生活』を書き上げたばかりで、聖書に親しんでいた。

年齢は、小林が吉満よりも二歳年上だが、大学入学は同年、共に東大文学部である。吉満義彦は、近代日本を代表するカトリック哲学者だが、同級の堀辰雄をはじめ、渡辺一夫など、小林も知る文学者と浅からぬ交流を持った。ある人は吉満を詩人哲学者と呼ぶが、この人物のある側面を言い当てている。吉満は、越知保夫にとって、ほとんど唯一の師と呼ぶべき人物だった。吉満に、「小林秀雄『ドストエフスキーの生活』に就いて」と題された書簡体の書評がある。「先日は失礼しました」との一文から始まるところを見ると、先の会話からそう遠くない時期に書かれたのだろう。

「十五、六年も前のことである。当時健在で居られた吉満義彦先生のお宅を訪ねた折のことである」との一文から、越知保夫の「小林秀雄論」は始まる。越知保夫が吉満を自宅に訪ねたのも、この出来事からほどない時節、一九三九年のことだと思われる。吉満への敬愛の一方、当時、越知は、小林に理解を示すどころか『ドストエフスキイの生活』に「或る種の反撥を感じていたくらいだった」(「小林秀雄論」)。

吉満と小林の会話を耳にして、すぐ、越知に何かが起こったわけではない。しかし、この「一元論云々」の一言だけが不思議に記憶に残り、「折にふれては思い出す中に、其処に矢張り小林でなくては言えないような、ぎりぎりの美しさを感じるようになった」と彼は書いている。以下に引くのは、一九五四年一月、「小林秀雄論」が発表される半年ほど前、越知保夫が仏文学者木村太郎に送った手紙の一節である。

さてルオー論ですが、これは元来「小林秀雄論」のはじめにくる筈のリルケの風景画家論から偶然派生したもので、その結果小林論でいうことが一部こちらへ入りこみ、又こちらで言い尽せないことを小林論の方へ廻すといった具合で、根本的に無理ができました。その癖はじめの五、六枚のところで一番苦労したのですが、結局うまく行きませんでした。おかげで小林論の方もひどく書きにくくなって困っているところです。

「自分にはもう仕事は出来ないのではないかとさえ思われていたのである。そういう状態からはじめて脱出することができた機縁となったのが、このルオー論なのである」（「ルオー」）とあるように、この頃の彼は、書くことを奪われたとすら思っていた。そうしたなか、突如、作品の主題が顕れ、その湧出を前に驚く。その一方、「ひどく書きにくくなって困っている」との表現の後ろには、絶望と焦燥も見え隠れしている。

仏教の華厳思想で、存在の深みから何者かが現出することを「現起」という。越知の「小林秀雄論」を読むと、渾沌とした、しかし充溢した場所から、主題が「現起」する現場に立ち会うような感覚を持つ。彼が、身を賭して、私たちに示そうとしたのは、批評家越知保夫の発言であるよりも、彼を通じて「現起」する、ある者の「声」である。
越知にとって、小林が書くセザンヌは、そうした声ならぬ無音の「声」を、絵画によって描き出す者に映った。越知は、小林のセザンヌ論に触れ、こう書いている。

小林はこんな風にかいている。セザンヌは自然に向って愛するという、だが、その愛は言葉にならぬ先に自然の沈黙の中に呑み込まれてしまう、と。聖者たちの心の中にも言いたいことはあったのである。しかしそれらの人間の思いは、言葉にならぬうちに、神の無限の中に呑み込まれてしまうのを感じた。そこから聖者の沈黙と無私と実行とがやってくる。セザンヌの客観性乃至即物性といわれるものも、そこにあらわれている言い難い純潔性の魅力もこの聖者の無私の中に源をもっていると思われる。

かくしてセザンヌの握り合わせた手の祈りは『基督の模倣』の著者の祈りと同じものとなる。
「凡て画家の意志は黙ろうとする意志でなければならない。偏見の声という声を抑えたい。黙っていたい。完全な反響となりたい。」

（「近代・反近代――小林秀雄「近代絵画」を読む」）

この一節は、読む者に畏れを喚起させる。自らの思いが「神の無限の中に呑み込まれてしまう」経験をした者だけに発することのできる言葉だからである。芸術家は、自己を表現したいという欲求を抑え、黙し、自然の声を聞くことに注力しなくてはならない。「完全な反響」となるべく、「偏見の声」を封じなくてはならない。また、「聖者たちの心の中にも言いたいことはあったのである。しかしそれらの人間の思いは、言葉にならぬうちに、神の無限の中に呑み込まれてしまう」とも彼は書いている。

越知にとって、言いたいことが「神の無限の中に呑み込まれてしまう」ことは、ほとんど救済と同義だった。ここで彼は、沈黙があらゆる表現を凌駕する次元を明示しようとしている。

「「在る」ということは、常に我々を驚かす」と越知はいい、さらに「単なる物にすぎないものが、たとえば道とか樹木とか家屋とかが突然その存在の固有の相で、言いかえればそのものがそのようにあるということ自体で不意に我々に話しかけてくることがある」と続ける。また、セザンヌは、「サン・ヴィクトアール山に向って絶えず存在の奥底から「汝」といって呼びかける」とも述べている。このとき越知は、セザンヌが絵筆を手にする以前、その胸に感じていたことを、彼もまた、感じようとしている。

この越知の文章には主語の省略がある。もしくは、明言されがたき実在が、主格となって動いている。「サン・ヴィクトアール山」は、その超越的実在の働きかけ、すなわち恩寵を意味している。このとき、セザンヌは個人名でもあるが人間を代表し、サン・ヴィクトアール山が意味するのは存在世界そのもの、さらにそれを司る働きである。

「呼びかけ」はいつも彼方から来る、と越知は感じている。人間はそれに応えているに過ぎない。山が「呼びかけ」、セザンヌが応える。逆ではない。語ろうとするとき、人間は無力だ。しかし、「呼びかけ」に応えるとき、その声は、予想もしなかった広がりと奥行きをもって響く。

「ミスティック」（神秘家）と越知が呼ぶのは、この無音の「呼びかけ」に応える人間である。「小林秀雄論」を発表した後、木村太郎に送った書簡で、越知は、小林秀雄の世界は、畢竟「ミスティック」の境域ではなかったかと問いかける。

彼〔小林秀雄〕の考えている自然体験はミスティックなものに通じているのだと思うのです。彼が、セザンヌは自然に向って愛しているという、しかしそれは言葉にならぬ中に自発《ママ》〔然〕の沈黙の中に呑み込まれてしまう。そしてセザンヌは深淵に向って身を投げ出す、といっている個所などは、ミスティックの体験の大切なものにさえ触れているのではないでしょうか。聖者にとっては、神は又そのような深さではないのでしょうか。そういう訳で、小林の引用しているセザンヌの言葉を『キリストの模倣』と比較することはさほど無理だとは思えないのですが……。

（昭和三十年十二月二十九日付書簡）

越知にとって「ミスティック」は、「聖者」とほとんど不可分に重なり合う。しかし、ここでの「聖者」は、完全無欠、静謐無垢の人間ではない。「小林秀雄論」で「聖者」として論じられるのは、ゴッホ、そしてセザンヌである。彼らは、生前、ほとんど顧みられることがなかった。作品は完成しているが、人間としての彼らは、むしろ欠点の多い不完全な性格と弱点を露呈した生涯を送った。聖者とは、単に礼節を守った人間ではない。世界が聖なる実在であることを表現した人間の謂《いい》である。「聖者」は「聖人」と同義ではない。「聖人」のなかにも「聖者」は少なくないだろう。しかし、「聖者」は、「聖人」に定められた宗教的枠組みを突破しつつ出現する。

先に引用した文章で越知が触れていた『キリストの模倣』は、十五世紀ドイツの修道士トマス・ア・ケンピスによって書かれた著作である。キリスト教世界では、聖書に次いで読まれたといわれる。『イミタチオ・クリスチ（De imitatione Christi）』とも呼ばれ、『キリストにならいて』とも訳される。題名にあるように、この本の著者は、倣うべきはイエスだけだと断言する。「聖人」を超え、キリストだけを見なくてはならないと説く。越知はこの本を愛読した。

神秘家と書かずに、あえて片仮名で「ミスティック」と彼が書くのは、神秘家の一語につきまとう、神秘説を振り回す人物像を嫌ったからだろう。

しかし、彼の「ミスティック」は、神秘主義者ではない。神秘と神秘主義が違うように、神秘家と神秘主義者は異なる。神秘主義者は謎の解明に生涯を賭けるが、神秘家は「謎を解こうとせず、謎を深め、謎を純化する」（「小林秀雄論」）。神秘家の眼目は、謎を生きることにある。謎の解明にあるのではない。

「哲学者が考え、分析し、謎を解決しようとするのに対して、詩人は逆の歩みを取る。彼は謎を愛し、それを一層生々と現前せしめようと願うのである」と越知保夫が書くとき、「哲学者」は、神秘主義者を意味している。

「神」の「秘密」である神秘が、どうして「神」以外の人造的なドグマによって解き明かされるはずがあろうか、と彼は問う。越知にとって、狭義の「哲学者」は、信じることを見失ったさまよう人間に映った。彼は、ベルクソン、アラン、マルセルといった哲学者を、哲学書を書く「詩人」だと認識していたのである。

小林秀雄は、ベルクソンの根本問題に触れ、こう書いている。「誤解を恐れずに言うなら、それは、哲学者は詩人たり得るか、という問題であった」(『感想』)。この一文を越知は知らない。書かれたのは彼の没後である。「小林秀雄論」で越知は、渾沌とした存在の始原から「神秘家」と「聖者」を呼び起こそうとする。その彼の姿は、旧約時代の預言者が「神」を呼ぶ姿を思わせる。彼にとって詩は実在を目撃すること、すなわち「見る」ことを、「旧約的」とは「信ずる」ことを意味した。

越知は「小林秀雄論」で、幾度か「旧約」という表現を用いた。「旧約」とは、「キリストの福音に対立せしめられた旧約という意味ではなく、近代のヒューマニズムで解釈されて来たキリスト教をのりこえた、より広大な歴史的視野、或はより全体的包括的立場に立つ予感にみちた新しい精神の一時代」(「ルオー」)を指している。その「精神の一時代」とは、数千年前に去った歴史的時間ではなく、彼にとっては、文字通り、今、ここの「時」だった。それはルオーが生きる「時」だが、越知保夫がルオーに対峙する場所でもあった。越知は、小林において「信ずること」と「知ること」が峻別《しゅんべつ》されていることを見逃さない。

「私は『生活』や「『罪と罰』について」を読んでいると、何故かリルケの次の文章を思いうかべる」(「小林秀雄論」)と越知保夫は言う。『生活』は『ドストエフスキイの生活』、「『罪と罰』について」は小林秀雄のドストエフスキー論の一篇である。越知はそれらの作品を読みながら、小林やドストエフスキーではなく、リルケを想起する。「何故か」と書いているように、彼にも理由は判然としない。動揺はないが、その着想はどこからか与えられたとの感覚が、越知にはある。「小林秀雄論」が発表される以前、その企図を伝える木村太郎への書簡(昭和二十九年一月八日付)でも、「私はリルケのいう風景とガブリエル・マルセルの「旅人」(ホモ・ヴィアトール)とを結びつけて見たいのです」と記しているように、越知は小林秀雄論を書きながら、かえってリルケやマルセルを考えている。「リルケのいう風景」とは、私たちが暮らす「現象界」のそれではなく、現実世界を包み込む、真実在の領域、すなわち「実在界」を指している。

私が越知保夫の作品を初めて手にとったのは、十代の終わりだった。もう、二十余年の歳月が流れている。二十代のはじめ、カトリック司祭井上洋治が主筆をつとめる機関誌『風《プネウマ》』に寄せた越知保夫論が、公に文章を書いた最初の経験だった。それ以後十五年ほど執筆から離れ、再び書き始めたのも越知保夫論で、それからもすでに四年が経過し、今、再び越知保夫の作品を論じようとしている。私は、その度ごとに、奇妙な、了解しがたい現象に遭遇してきた。

越知を論究しようと書き進めると、越知以外の人物が、いっそう何かを強く訴えかけてくる衝迫を拭うことができないのである。越知保夫を掘り下げ、この人物に起こった出来事を明示しなくてはならないと分かりながら、ペンは違う方向へ走って行く。論究が終わるまで、その影は消えない。その現象は、書くときばかりでなく、読むときも同じだった。越知の作品を前にすると、作品ごとに異なる人物が突然、思い浮かぶ。それは、井筒俊彦であり、また中村光夫、須賀敦子、ガブリエル・マルセル、チェーホフそして小林秀雄だった。

平面的な比較研究は、主題の設定が興味深くても、内実は貧しいことが少なくない。私は「類似」を指摘するような、いわゆる比較論究にはほとんど興味を持つことができない。しかし、その一方で、論を進めると、越知と誰かを比較しているような現象が生起する。これを止めることはできないのである。そうして、少し困惑していたとき、ふとしたことから、先に引いた、越知がドストエフスキー論を読みながらリルケを想う一文に出会い、自分が越知保夫論を書く根本の動機を照らされたような心地がしたのである。

越知は、「小林秀雄論」で単に小林秀雄を論じているのではない。小林に随伴されつつ辿りついた場所の「風景」を、明示しようとつとめている。また、その道行きで、交差した人々を含む「風景」を活写しようとした。そう思いながら、以下の一文を読む。私には、越知の内心で生起している魂の劇が彷彿としてくる。

パスカルは我々をもっと低い場所へ導く。もっと空気の濃密な場所へ。そこでは事物は不透明で、見すかし難く、だが、見すかしがたいからこそ、物の形が、謎が生々と迫ってくるのである。小林が我々をつれて行く場所もまたそこである。

（「小林秀雄論」）

越知保夫にとって、小林秀雄は一つの偶像だったのではない。小林はいわば、『神曲』の中でダンテを導くウェルギリウスのような存在だった。「ガブリエル・マルセルの講演」で越知は、マルセルと共にダンテと小林を論じた。

> 創造はつくることではない。それは、発見であるとマルセルは言う。たとえば、ダンテの神曲の如き作品は、単に作られたものではない。そこにはダンテの自由な創作力の表現以上のものがある。それはダンテの見たものであり、われわれはその作品を媒介としてダンテの見たものを見るのである。われわれは、ダンテと共に限りなき苦悩を見、天国の光栄を見なければならない。小林秀雄は、大小説を読むには人生を渉るのと同じ困難がある、と言っている。（中略）つまりそれは単に作られたものではないという意味である。この媒介という観念はマルセルの中で重要な観念の一つであって、マルセル自身、何よりも先ず自分をそういう媒介であると考えているであろう。

（「ガブリエル・マルセルの講演」）

ダンテ、小林秀雄、マルセルは、それぞれ異なる時代と国と文化を背景に生きたが、彼らは、ここで越知保夫を「媒介」にして一堂に会している。越知が指摘するように「媒介」は、マルセルにとって「重要な観念の一つ」である。だが、「マルセル自身、何よりも先ず自分をそういう媒介であると考えている」とあるように、越知は「媒介」となることが批評の使命であると感じている。さらに、人間の一義的な役割とは、自己を表現することではなく、何者かの「媒介者」となることだ、と彼は信じている。

また、越知は、「キリストを媒介として」(「ルウジュモンの『恋愛と西洋』を読む」)と書く。ここで口を開いているのは、信仰者越知保夫である。この一節にはキリストが神自身であると共に、父なる神と世界をつなぐ「媒介者」だとする信仰告白がある。また、彼が愛した『キリストの模倣』に通底するのも、「媒介」の神学である。人間は、生きることによって、徹底的に超越者の純然たる「媒介」にならなくてはならない、とする信念がそこにある。

マルセルは、二十世紀フランス思想界の一翼を担った。同時代人であるサルトルが、実存的とは無神論者と同義だと宣言したのに対し、マルセルは実存的であるのに、あえて無神論者の衣を着る必要はない、実存とは何ものかの前に裸形の人間として立つことだ、と断じた。越知は、小林秀雄の認識が、「外的な証明を嫌って直接的な確実性」（「小林秀雄論」）を希求する点で、「マルセルの考え方にも通じるものを持っている」と書き、二人の間に単なる思想的一致を超えた、精神的共鳴を認めている。マルセルは、生きるとは「旅」することであると考えた。ホモ・ヴィアトール（homo viator）すなわち「旅人《りょじん》」あるいは「旅する人間」は、マルセルが見る実存的人間の実相である。ただ、マルセルが「旅」する領域は、現象界に限定されない。実在界も含む。むしろ、それは実在界への「旅」だったといった方が、正確かもしれない。

マルセルの思想とは、「コミュニオン」と「プレザンス」の形而上学だといってよい。コミュニケーションが生者間の交流であるのに対し、「コミュニオン」は、死者との交わりを含意する。また、マルセルの「現存《プレザンス》」とは、「実存」が生者の現象であるのに対し、むしろ、死者が「現存」することを前提とした世界観を表す。越知が「ガブリエル・マルセルの講演」で小林秀雄の『感想』に触れ、この作品もまた死者論であると論じているのも偶然ではない。

小林の場合も根底にはやはり「死」の拒否がある。両方（小林とマルセル）とも母の死に直面し、信仰という問題に端的にふれていることは注目すべきことである。突込んで言うならば、亡くなった母親と我々との間には、生きた或る絆がある。その絆は、生きていた時よりも、母が死んだ後に一層はっきりと感じられるものかもしれない。

（「ガブリエル・マルセルの講演」）

小林あるいは越知が論じたのは、死ではない。「死者」である。死者を論じるためには、「死」が終結の出来事ではないことを、身をもって経験しなくてはならない。越知は、常に「愛」を人間において認識したように、「死」ではなく、死者を凝視し、その「現存」から眼を離さない。

詩を書いていた頃、越知は「死」を歌った。しかし、批評家としての彼は、単に「死」を論じない。すでに彼にとって、「死」は、観念上の問題ではなかったからである。彼にとって「死者」を無視した「死」論は、人間を無視した「生」の論議のように、徒労に思えただろう。この地点において越知は、ランボーに他界の見者を発見した小林秀雄の血脈を継承している。「あの経験」、と以下の一節で小林秀雄がいうのは、彼が「或る童話的経験」と呼んだ出来事である。ある夜、空を飛ぶ蛍を見て、小林は亡くなった母親が今、「蛍」になって自分の前に顕れていると思った、というのである。

あの経験が私に対して過ぎ去って再び還らないのなら、私の一生という私の経験の総和は何に対して過ぎ去るのだろうとでも言っている声の様であった。併《しか》し、今も尚《なお》、それから逃れているとは思わない。それは、以後、私の書いたものの、少くとも努力して書いた凡《すべ》てのものの、私が露《あらわ》には扱う力のなかった真のテーマと言ってもよい。

（『感想』）

こうした言葉は先入観なく、直接的に受け取らなくてはならない。小林はのちに、この作品の刊行を禁じた。しかし、越知保夫が論じた連載初回だけは、独立した作品として、生前からアンソロジーに収録されており、小林自身も刊行を承諾していた。越知が言うように、生者と死者には、境界を超える不断の「絆」が現存することが表現できれば、小林秀雄には満足だったのだろう。

「小林秀雄論」を書くことで、越知保夫が自らに課したのは、批評家小林秀雄を明示することよりも、むしろ、越知を前に小林が開いた扉の彼方、「少くとも努力して書いた凡てのものの、私が露には扱う力のなかった真のテーマ」、すなわち越知がいう「風景」を招き入れることではなかったか。

「アニマが閉ざされた自己の扉を開いて吹き入れるのも、この戸外の空気であり、そよ風である。そよ風が我々の外なる他者の存在を告げている。愛のそよ風の中で、人格が今一つの人格に向って「汝」と呼びかける」(「「あれかこれか」と「あれもこれも」」)、こうした文章を書くとき越知は、想像をめぐらしているのではなく、与えられた経験を限りなく忠実に表現したいと願っているのである。

越知もまた、実在の世界へと歩みを進める。マルセルやダンテは、その道程で行き交う者である。ここでの「他者」とは、絶対者であると共に、眼前の「隣人」たちだった。越知にとって「隣人」とは、生者のみならず、死者、すなわち冥界の「生者」を含む。ゴッホ、セザンヌはもちろん、越知が言う「心の貧しき人々」、「民衆」もまた、そこにいる。

「一般の人たちが心の中で思っていることに表現を与えようとしたまでのことだ、文学者の仕事というものは、結局それだけのものなのだ」(「小林秀雄論」)と越知は、小林秀雄の態度を端的に表現している。また、「彼〔小林〕は自己の思想などというものは何か汚らしいものと感じていたかもしれない」とも書いている。そう思っていたのは、越知も同じだろう。越知にとって、ゴッホはそうした無私の生涯を送った人間の典型だった。無私とは、自分のことを考えないという倫理的な態度を指すのではない。むしろ、倫理的次元を超えたところで生きることが無私である。

「プレザンスもある意味では光である」と越知は書いている。越知は「プレザンス」を「神」と同義で用いている。「神」は、「光」として自らを顕す。ゴッホは光の「媒介者」である。このとき、ゴッホは無私になる。光は、媒介者である画家を照らすのではなく、絵を見る者に向かって放たれている。ゴッホの絵を見るとき、私たちの中で何かが動く。照らされ、輝くのは、絵を見る者である。

生前、ゴッホの絵を買ったのは、弟テオだけだった。ゴッホは自分の名前が歴史に刻まれることなど、夢想すらしなかっただろう。彼の望みは全く別なところにあった。彼は絵の中に自分が消えて行くことを願い、永遠に言葉を発しないかのような自画像、無名な人間、そして言葉を語らない「物」を描き続けた。

ゴッホにおいては、人もまた「物」だったと、越知は指摘する。越知にとって「物」とは、極めて積極的な表現である。それは、「媒介」の純度を高めた存在者の異名である。人もまた、「物」となること、そこに生の意味が隠されていると越知は考えた。

この「眼前に与えられた物にしか生きる糧をもたぬ人々」とは、別の言葉でいえば、心の貧しき人々ということだ。（中略）そういう人々の心で感じ、苦しみ、考え、彼等と変らぬ生を生き、死を死にたいという真剣な願いは彼を去ることがなかった。そのような願いを抱いて彼〔ゴッホ〕は画家になったのである。それはもはや単なる画家の願い以上のもの、聖者の願いというべきであろうか。

（「小林秀雄論」）

この言葉を読むとき、私たちは、有名な画家であるゴッホを思い浮かべてはならない。生前のゴッホは、無名どころか、冷酷な目にさらされ、周囲に疎《うと》んじられた、ほとんど存在することが許されないかのようにみなされていた一人の男である。だが、「眼前に与えられた物にしか生きる糧をもたぬ人々」に、極限まで接近しようとした点において、ゴッホは、ほとんど類例を見ない特異な人物だった。ある時期、ゴッホは牧師になろうとした。零落する女性を救おうと行動したこともあったが、ことごとく失敗した。しかし、その祈願は去ることはなく、ゴッホは絵を描くことで実現しようとしたのだった。ゴッホにとっての「絵」は、越知保夫における「文学」である。「眼前に与えられた物にしか生きる糧をもたぬ人々」は、どこにでもいる。私たちも例外ではない。そうした人間に寄り添い、「彼等と変らぬ生を生き、死を死にたいと」願うことが「聖者の願い」であるなら、聖者は世界の至る所にいる、ということになる。そう言っても越知は否定しないだろう。

「聖人」とは、教会によって認められた、特定の人間を指す。一方、「聖者」は、人間に賦与された可能性であり、世界が聖なることを宣言する役割を担う者の呼び名である。彼の作品に登場する小林秀雄はもちろん、リルケ、チェーホフ、ガブリエル・マルセル、吉満義彦らは、「聖者」たらんとする悲願を抱いて生きた、そう越知保夫は信じている。

越知はしばしば作品中で、「民衆」という表現を用いた。それは、「心の貧しき人々」に付されたもう一つの名前である。「民衆」の心に分け入ること、それが越知保夫が批評を書くもっとも積極的な理由だった。彼はリルケの『風景画家論』で、フリッツ・マッケンゼンの絵「喪家」を論じる言葉をたよりに、「民衆」の声を浮かび上がらせようとする。亡くなった嬰児《みどりご》を中心に、悲しむ家族が描き出されているこの絵を、越知は「風景画」だと考える。彼はこの絵に「風景」、すなわち実在界の顕れを見た。

画には、亡くなった嬰児、そして夫婦と三人の子供が描かれていて、夫婦の姿には悲しみと共に、悲嘆に暮れる暇もなく、明日を迎えなくてはならない現実がある。彼らは働く。一家を支えるため、子供に十分に愛情を注ぐ暇もなく、働かなくてはならない。そんなある日、赤ん坊が死んだ。明日になればまた、夫婦は仕事をするだろう。生き残った子供三人を育てていかなくてはならないからである。生きていくのに精一杯で、悲しむことができない、そう親たちは心のなかで呟き、亡き幼児に謝る。悲しむことが死者への敬意だと知りながら、生活がそれを許さない。両親は「子供を愛していないというのではない。彼等は子供を愛しているのである。彼等は働いているのだから」と越知は書いている。働くことがそのまま「愛」の実現になる、そうした次元が存在する。ここに「敬虔なペシミズム」が生まれる。

かくのごときが、民衆の心、自己を語らず、自己を語ろうなどとは夢にも考えていない民衆の心の奥深いところで、黙々と生きられている敬虔なペシミズムである。それは民衆の労働生活が民衆に教える智慧であり、我々に人間の仕事や地上の生が本来いかなるものかを教えてくれるのである。ゴッホの「馬鈴薯を食う人々」の中に盛ろうとした思想もこれと変るところはなかった。明日働かんがためにのみ今日食べている人々。ゴッホは晩年の静物、小林が「長い間の祈願の実現」とよんだ「寝台」や「椅子とパイプ」に至るまで、この「馬鈴薯を食う人々」の思想に忠実だった。（「小林秀雄論」）

自然の「完全な反響となりたい」、そう願いながらセザンヌは絵筆を持った。同じ思いは、病から立ちあがり、再びペンを執った越知の念頭を離れることはなかっただろう。「敬虔なペシミズム」とは、「完全な反響」となるべく日々の生を生きることである。それは越知保夫の祈念だったといってよい。

「人間を愛するためには人間から遠ざからなければならぬ。否、人間を愛することを断念しなければならぬ。人間に注ぐべきものを人間ではないものの方へむけねばならぬ」（「小林秀雄論」）と書いたように、真に「愛」を認識するには、愛が愛ではなくなるところまで追求しなくてはならない、と越知保夫は考えた。彼にとって、抽象的概念である愛は、思索を深める通過点でしかない。根本問題はいつも彼の前に、具体的な現実として顕れた。むしろ、そのように顕れたことだけを、論究した。聖性とは何か、と抽象的に考えるよりも、彼は、周囲に聖者を見つけようとする。

「敬虔なペシミズム」こそ、「聖者をつくる地金」だと越知は書く。「民衆の労働生活が民衆に教える智慧」、それが「敬虔なペシミズム」であるとも言った。人は、働かなくてはならない。「民衆の労働生活」とは、賃金を稼ぐことに限定されない。それだけでは、彼が意味する「労働」を定義するには不十分である。彼は、ここで「労働」の代わりに、「献身」と書いてもよかった。自らの存在を、何者かに献じているとき、人は「労働」している。病でベッドから立ち上がることのできない病者が、その状況を受容したとき、彼は一個の労働者である。貧しくて、言葉のほかに他者を励ます手段を持たない人間、彼らもみな「労働」をしている。働く、そこには個を超えた世界が開かれている。

労働ということが問題となるのもここである。ドストエフスキーは、プーシキンに関する有名な最後の講演で、知識人に対して、「働け」と呼びかけた。人間の統一性を回復するものは労働をおいて他にないからである。思想も信仰も労働なくしては空しい。『ゴッホの手紙』の中で、小林は、ゴッホは、農夫は耕さねばならぬという意味で画家は描かねばならぬと言い得た稀有の画家の一人であると述べている。（中略）ベルグソンも哲学の仕事を牛のあとから大地に屈みこみ土を鋤いて行く単調で忍耐強い労働に比較している。哲学がつぎつぎに新しい体系を生み出しつつ、つぎつぎに新しい体系に打ち倒され、遂には哲学そのものの自己否定に終るような従来の哲学ではなく、実在の共同的な探求を目ざす創造的な哲学を夢みた時、哲学者も又掘らねばならぬと考えたのだった。小林の心もこれと変りはない。彼も又耕さねばならぬのである。

（「小林秀雄論」）

「共同的な探求を目ざす」とあるように、彼にとって文学とは、精神の共同的営為だった。それは時空と文化の障壁を越えて「共同」する。「詩人は孤独の中でたえずこの未知の心と応答をくりかえしつつ自己の仕事を形成していく。この意味でそれはあくまでも共同的な営みである」（編集後記、『くろおぺす』十二号）、それが越知保夫の信条である。このとき「詩人」は、「文学者」を表象する高次の表現である。以下の文章に出てくる「画家」とは、ミレー、コロー、ピサロ、セザンヌなど、越知にとっての「風景画家」を指す。

……告白はどんな懺悔の形をとるにしても、彼らの自信のあらわれであって、自然に対する謙虚を教えるものではなかった。自然にかえろうとして真に誤たず自然にかえった人々は彼らではなくて、これらの画家たちであった。彼ら画家にとって自然への道は、絵画というものの本質上文学とはちがって、長期にわたる辛抱づよい職人的努力による自己克服の道であった。彼らの多くは貧窮の中に悲惨な生涯を閉じたが、その中で彼らを支えたものは、語るものは自然であり、聞くものは人間であるという信念であった、と。

（「小林秀雄の『近代絵画』における「自然」」）

「語るものは自然であり、聞くものは人間である」と越知は記す。ただひたすらに、自然が語る「声」を聞いた人間が、越知保夫にとっての「聖者」である。越知は、ルソー以来の近代的意味における「告白」を、「何か汚らしいものと感じていたかもしれない」。聖者たちにも言いたいことはある。しかし、それは言葉になる前に、永遠のなかに溶け込んでしまう。私たちはそれを直接、聞くことはできない。だが、その思いは、世に放たれなかったからこそ、永遠の沈黙に包含され、悠久に消えることがないのである。

『近代絵画』に収められた「セザンヌ」は、小林秀雄がリルケを本格的に論じた最初の作品である。今では、彼の代表作に数える人もいるから、小林とリルケを論じる人がいても格別驚くには値しない。

だが、この作品より以前に「小林はリルケについては余り多くは語っていないが、リルケが物を通じて体験したものはすべてよく理解することが出来たと思う」(「小林秀雄論」)と予言的に言った人物がいたとしたら、その言葉に耳を傾ける価値はあるだろう。「人は一度ならず私がリルケを引用し、小林とは甚だ縁遠く思われる詩人を小林と結びつけようとするのを見て奇異の感を抱くかも知れない」と越知保夫は書いている。それだけではない。越知保夫の六つの小林秀雄論を読むと、その後の小林秀雄の仕事を予告していることに驚かされるのである。

小林秀雄の『感想』は、書き始められた当初、表題通りの小品だったが、五年間の連載が終わってみれば、長編のベルクソン論になっていた。越知保夫は、連載の初回にあった有名な「蛍の話」について触れているだけだが、そこですでに、全編を象徴する主題を発見している。さらに、「彼〔小林〕の宣長論は「実朝」以来いつかは聞かれるものとして期待してきたもので」と書くように、越知は、『本居宣長』の出現を確かに感じている。『新潮』で『本居宣長』の連載が始まったのは一九六五年、一九六一年に亡くなった越知はもちろん、それを知らない。山田幸平の追悼文「空間を渡る伝統」によれば、越知は、たびたび小林による宣長論の到来を口にしていたという。古事記伝の方法を「「罪と罰」について」の中に感じる、という言葉を見ると、彼がそれを察知したのは、戦前にさかのぼる。小林の「「罪と罰」について」は一九三四年、「実朝」は一九四三年に書かれている。

越知の没後、二度目に来日したとき、ガブリエル・マルセルは小林秀雄と対談している。このときマルセルは、小林を前に、死者の現存について語った。この面会以前に、二者の接近を論じた批評家は、越知のほかにはいない。こうした予知的な出来事は、単発的にはしばしば起こり得る。だが連続的に確認できれば、思いつきとばかりは言えない。

ここに越知保夫の「小林秀雄論」が、今日まで読み継がれてきた理由がある。彼は、小林の中にあって、本人すら気がつかない領域へ分け入っている。そして、そこで「見た」ものをそのままに書いた。

その領域を、越知は「魂」と呼ぶ。小林秀雄は「神を信じるとは言わずに自己を信じる、魂を信じる、と言う」（「小林秀雄論」）と越知は書いている。また、「小林は現代人の得意とする心理も心理学も信用しない。所謂人間の心というものと魂とを別に考えている。人間の心はいつも哀れで愚かで弱く不純であり、魂は、その重い外被の下にまどろんでいる」とも言う。越知が「魂」と呼ぶのは、個的な魂である「心《プシュケ》」であるよりむしろ、超越者の分有である「霊《ヌース》」である。先の一文は、「心」は「知る」、「魂」は「信ずる」と書かれてもよかったのである。

ある人を他の人ではなくその人たらしめているところの「真実」とは、〈魂〉である。明らかに小林はそう言っている。（中略）

その始まりから、このような言わば本質直観的視線を獲得していた小林のスタイルが、「批評」というあの形式でしかあり得なかったのは当然だ。作家もしくは作品とは、とりも直さず、〈魂〉である。そうでしかあり得ないその人の必然である。小林は常にそれを見ている、それしか見てない。

(「〈魂〉の感じ方」)

越知保夫の文章ではない。「文筆家」池田晶子の一文である。彼女が「小林」と書いたところを「越知保夫」と変えても問題がないばかりか、批評家越知保夫誕生の必然を端的に言い当てている。池田晶子もまた、小林秀雄に格別の思いを寄せていた。そこにあるのは好悪の感情ではなく、深い信頼である。それは長年付き合った同志への感情に似ている。すべてを肯定するのではない。しかし、批判しない。受け入れ、自分のこととして考える。

池田も越知も、「魂」の一語で、精神の彼方に存在する何かを表現しようとした。また池田は、人間とは「肉体と精神と魂」からなる、とも述べている。彼女にとって、「魂」は、いわゆる心霊とは全く関係がない。彼女は、「魂」を、浮遊する何かだとは見なさない。さらにいえば「魂」は肉体の生死によって生滅を左右されるとは思っていない。「魂」とは、人間にあって、不滅なる実在の呼称である。「死」は人間の根源的な存在に触れ得ない、そう池田は考えている。さらに、池田は「神秘について考えるために、人は神秘主義者である必要はない。ただ素直な心であればいい」

（「神秘と神秘主義」）と書く。越知保夫は、この言葉を是としただろう。

越知が「信ずる」と記すところを、池田は「考える」と書く。池田にとって「哲学者」とは考える人の謂だが、彼女は、自分のためには考えない。それは、画家の絵、音楽家の演奏、詩人の詩作のように、未知の他者に向かって開かれてゆく営為である。それは越知保夫が言う「労働」にほかならない。その営みは、労働する者よりもむしろ労働の成果を受け取る者を照らすのである。

実在論——越知保夫と井筒俊彦

「『パンセ』を読んでいると私は無数の謎に四方から見入られている心地がする」(「小林秀雄論」)と越知保夫は書いている。聖書は越知の傍らを離れなかったというが、パスカルの『パンセ』もいつも手の届くところにあった。親しむという程度では、こうした出来事に遭遇することはできない。

私たちは、読む本を自分で選んでいると思っている。しかし越知は、ときに主客が逆転することがある、書物が人間を選ぶと言うのである。書物が招き入れたとき、読者は選ばれたのが自分であることを知り、彼方から注がれる視線に気がつく。『パンセ』は越知に、人間が暮らす世界は「真理の国」ではない、「表徴の国」に過ぎないことを教えた。越知保夫にとって、読むとは、文字を頼りに「真理の国」へ赴くことであり、書くとは、そこで目撃した事実に、言葉という肉体を与えることだった。彼は『パンセ』に導かれた世界をこう記している。

パスカルは言っている。我々は真理の国にいるのではない。表徴 figure の国にいるのだ。我々は真理はここにあるという風に物を見てはいけない。真理はあるのだだが、我々はその真理を見えないほどに盲目なのだ、というように見なければならない、と。

（「チエホフの『三人姉妹』」）

「真理」とは、愛、正義、幸福といった抽象概念ではない。彼は、別なところでそれを「実在」と呼んでいる。彼がもっとも真摯に「実在」を論じたのが、「小林秀雄論」だった。越知の六篇の小林秀雄論は「実在」論だとも言える。

そこで越知は、哲学の眼目とは「実在の共同的な探求」だと記し、ドストエフスキーの『罪と罰』を「深い厳粛な実在の書」と呼び、その「作者の眼は悪夢を破って輝かしい実在を見つめている」と書いている。

また、「魂の動きの中には、自然を通して自然を越えた実在に到ろうとする要求がひそんで」（「小林秀雄の『近代絵画』における「自然」」）いる、さらに「超自然界は人間の自然の能力を越えてはいるが、厳存する実在であり、恩寵の世界である」と言った。「超自然界」は、パスカルの「真理の国」である。それを「実在界（Realität）」と呼んだのはリルケである。感覚が認識するのは「現象」に過ぎない。その奥にある「実在」から言葉がやってくるとリルケは信じている。リルケは、越知がもっとも愛した近代の詩人である。

　越知が用いる「実在」の一語には、パスカル、ドストエフスキー、リルケといった先人の精神が流れ込んでいる。「実在」とは、私たちが暮らす「現象界」を超える領域であり、「現象界」におけるすべての現象の根源でもある。

「実在」は確かに存在するが、私たちはそれに触れることはできない。しかし、「見る」ことはできる、そう越知は信じている。「実在」は、人間によって発見されるのを待っている。むしろ、人間に「見られる」ことによって、世界に顕現する。越知は、「見る」とは、人間のなし得るもっとも創造的な営みだと言う。

> 見るということは、詩人の最も奥深いいとなみ、最も気高い天職に属している。

詩人は一切を見る、ダンテにおけるがごとく。彼は哲学者が考えるところを見るのである。哲学者が考え、分析し、謎を解決しようとするのに対して、詩人は逆の歩みを取る。彼は謎を愛し、それを一層生々と現前せしめようと願うのである。

（「小林秀雄論」）

「謎」、と越知が書いているように、「実在」を通じて語る真実の主体は、命名しがたい何ものかである。『パンセ』の書き手は、たしかにパスカルだが、真実の語り手は「謎」と呼ぶべき実体だと越知は考えている。「謎」、「真理」、「実在」、呼び方は異なるが、越知が凝視するのは変わらぬ一者である。「詩人」は「謎」から目をそらさない。そらすことができない。たとえ「詩人」が肉眼を閉じても、「謎」は「詩人」がそれに言葉を与えるまで、その傍らを離れない。「詩人」は、旧約時代には預言者、新約聖書では使徒、東洋では巫者と呼ばれた。

彼らは「実在」に言葉を託された者である。彼らは、「実在」に「見入られて」いたことを自覚し、その促しに従って生きた。「見る」こと、「見入られる」ことに、彼らと「実在」の関係は収斂《しゅうれん》する。

「見ゆ《まみ》」は、日本においても、万葉の時代から神々の世界との触れ合い、実在界との接触を意味する言葉だった。「見る」ことを、消極的あるいは非実践的だとみなすのは、近代の迷妄に過ぎない。「見る」ことは、越知が指摘するように、人間が全存在を賭して行うべき、「最も奥深いいとなみ」だった。

しかし、時代が移り、古今の時代になると、「見ゆ」の文字は、ほとんど用いられなくなる。さらに時が過ぎて新古今の時代になると、「見ゆ」は「眺め」と姿を変え、ふたたび形而上的意味を伴って出現する。「眺め」は「現成する茫漠たる情趣空間のなかに存在の深みを感得しようとする意識主体的態度」（『意識と本質』）を意味した、と井筒俊彦は書いている。

越知には、優れた和歌論、「好色と花」がある。一方、井筒俊彦は、本気で和歌における意味論を研究しようと思った時期があり、その軌跡は英文著作 *Language and Magic*（『言語と呪術』）に見ることができる。二人にとって、和歌を論じることは余技ではなかった。むしろ、日本人である自己の精神、あるいは霊性の起源を探る営みだったのである。

この時代、月を眺めるとは、単に美しい天体に見入ることではなく、むしろ、「実在」に触れることだった。円は完全性を象徴する。円い月が発する光は、人間の魂を貫き、霊性を照らすと考えられた。月を歌う中世の歌人たちは、審美的経験の表現者に留まらず、日本に現れた、最初期の形而上詩人でもあった。その点で、歌人たちは『神曲』を書いたダンテに何ら劣るところはなかったのである。

異界を旅するダンテに、ウェルギリウスが随伴したように、批評家は、それぞれの「ウェルギリウス」——別世界への導者——を持つ。小林秀雄の生涯を見ていると、異界の階梯を昇るたびに導き手が変化するのがよく分かる。ランボー、ドストエフスキー、ゴッホ、ベルクソンあるいは宣長が、その役割を担った。若い日の中村光夫の同伴者はフローベルであり、二葉亭四迷である。二葉亭にあっては、生涯、中村の傍らを離れることはなかった。越知保夫には、聖書に登場する使徒や預言者とは別に、パスカル、リルケ、ルオー、小林秀雄、ガブリエル・マルセルが随伴した。

私にとって、越知保夫は、我が「ウェルギリウス」である。これまでもしばしば、おぼろげながら感じることはあったが、『井筒俊彦　叡知の哲学』を書き上げたとき、私は、その道程にいつも「ウェルギリウス」がいたことをはっきりと自覚した。そのときの感覚は、ほとんど「見た」かのようにすら思われた。井筒の和歌論だけではない。古代ギリシア哲学、言語哲学、ロシア文学、イスラーム神秘主義や東洋思想論を読むときも、いつも傍らに越知による不可視な導きを感じていた。とうてい自分では読み解くことができないことが、自分の手で文章化され、それを読み返し、驚くこともあった。

こうした出来事を、自分の思い過ごしだとすることもできる。しかし、それは、今の私にはかえって不遜な行為に映る。無名な、しかし歴史に埋もれた良書に導かれて書いた作品を、あたかも自分の独創のように語ることに似て、あるまじき行為のようにすら思えるのである。

井筒と越知は、直接に交わることはなかったが、互いに知らないところで共鳴していた。たとえば、「対話」をめぐる態度がその一例である。

ここにおける「対話」とは、人間が他者と向きあうことで個の枠組を突破し、ある「開け」にむかって自己を開放し、非利己的であろうとする営みである。

「対話の彼方」に何かを見出すのは、すでに不可能ではないか、と井筒は、講演「対話と非対話」の冒頭にいった。異文化間に横たわる宗教、政治問題をめぐり、相互理解の道を求めて、人間は無数の対話を繰り返してきた。しかし、対話の彼方に何かを見つけることが、きわめて困難であることを、私たちは認めなくてはならない。何事かを成し得るとするなら、「対話の彼方」ではなく「彼方での対話」ではないのか、と井筒は問題を提起する。「彼方での対話」とは、時代、民族、思想の違い、科学と宗教あるいは詩と哲学など分野間の壁、さらには現象界と実在界の次元的差異すらも取り払い、永遠の「今」において語り合うことである。その一例として、禅的沈黙を考えてみたいと井筒はいうのである。

私は禅の世界を考えてみる。禅は何よりも概念的な一般性を嫌い、徹頭徹尾主体性を厳守している。しかもそれは個人的な意識に止っているものではなく、それを超えて一つの大きな対話の世界を形成している。ところで、その対話は、議論の形で一方が他方を説得するというのではなく、そのようなディアレクチックな思考をつよく拒否している。だがそこには或る呼びかけがあり、出会いがある。そこに、共同の機というべきものが働く。この機は宇宙的なものであり、個人をこえた広大な交わりの場をひらく。

井筒の言葉ではない。越知保夫の「ガブリエル・マルセルの講演」の一節である。真実の対話を望むなら、人は口をつぐみ、書く手を止めなくてはならない。対話とは

「他方を説得する」ことではない。聞くのは相手の声ではなく、対話者を生かしている場から湧き上がる「実在」からの「呼びかけ」である。その無音の「声」は、聞こうと耳を傾ける者を、超個的な「広大な交わりの場」へ導く。

ここに見るのは、類似した表現ではない。同質の生の深みを生きた、二人の実践的思索者の軌跡である。

一九五七年、井筒俊彦の訳書『愛のロゴスとパトス』（マーティン・ダーシー著、創文社）が刊行されると、越知はそれに強く反応し、「「あれかこれか」と「あれもこれも」」を書く。越知が書いた批評はすべて、『くろおぺす』に発表された。読者が限られるのは否めない。井筒は、自らの訳書について五十枚の論考を書いた批評家がいたことを知らなかっただろう。越知も、訳者とは別に、哲学者として井筒俊彦を認識したことはなかったと思われる。年齢は、越知が三歳上である。同時代人だといってよい。二人には、この訳書以外にも複数の接点がある。

越知、井筒それぞれに、カトリック詩人クローデルを論じた秀作がある。井筒は、越知の師、吉満義彦の著作を愛読した。それだけでなく、井筒俊彦は、著しくカトリシズムに接近した時期があった。一九四九年に刊行されたギリシア神秘思想史である『神秘哲学』の序文で、井筒はこう書いている。

私自身は基督教徒ではなく、その世界観に於て純然たる一のギリシア主義者でありプラトニストであるに過ぎないが、併し私は西欧の神秘主義に関するかぎりプラトニズムはギリシアに於ては遂に完結せず、却って基督教の観照主義によって真に窮極の境地にまで到達するものと考えるのである。

井筒がカトリシズムに傾斜していた証左を、『神秘哲学』に見つけることは難しくない。「私自身は基督教徒ではなく」とあえて断っていることが、それを反証している。『神秘哲学』は今日でこそ、初版が復刊されるなど、井筒俊彦の思想的原点として注目されているが、刊行当初、手にした人は決して多くはなかった。『神秘哲学』の出版からほどなく、版元が倒れたのである。改訂版が出るのは一九七八年、およそ三十年後で、それまでの期間は、ほとんど忘れられていたといってよい。だが、井筒が訳したマーティン・ダーシーの『愛のロゴスとパトス』には、『神秘哲学』を彷彿とさせる記述がある。

井筒は、ダーシーが来日したとき、自ら訳者になることを申し出ている。この事実が物語るように、彼はダーシーの原著に強く動かされた。原著 *The Mind and Heart of Love* の刊行は一九四五年、『神秘哲学』執筆以前である。ダーシーは、古代ギリシアにおいて哲学は、宗教と不可分に存在した、高次の求道的実践だったと考えた。「東方の密儀宗教がギリシアの哲学と逢遇し、この両者の出逢いから一つの新しい宗教哲学乃至哲学宗教が生じたのである。両者は混淆することによって、お互いに相手に欠けていたものを与えあった」とダーシーは書いている。

続けてダーシーはこう記している。以下に引く一節は、越知の「「あれかこれか」と「あれもこれも」」にもそのまま引用されている。越知がまず反応したのも、古代において宗教と哲学が不可分的に存在したことだったのである。

ギリシア的叡智は大地とつながりを有っていなかった。それにとっては幸福はただ理性と思索とそしてそれらの成果のうちにのみ在った。これに反して密儀宗教はもともと情念から生れ情念に生きるものである。そこでは愛がかき立てる狂気は、野獣的情欲から一転して忘我脱魂となり、一つの神聖な狂乱となった。神はその礼拝者をひっ捉え、あらがい難い力を以てそれに憑りうつる。元来ギリシア人はすべて極端を避けるということを昔からの訓えとして来たものである。併し今や全く新しい霊感が彼を摑んでしまった。

「ギリシア的叡智は大地とつながりを有っていなかった」とダーシーは書いている。「ギリシア的叡智」とは未だ「哲学」にならない、いわば「哲学」の前駆体である。それが「大地」と繫がるためには「密儀宗教」と結ばれなくてはならなかった。「哲学」はその始原から、「神聖な狂乱」すなわちシャーマニズムと無縁ではありえなかった。「哲学」は「密儀宗教」と一つになったとき、それは「霊感」となり、ギリシア人の霊魂をつかんだのである。

ダーシーは、二十世紀中盤のイギリス思想界を代表する思想家だが、カトリックで最大級の修道会イエズス会のイギリス管区長の重責を担ったことがある司祭でもある。私は、「哲学」をシャーマニズムと一体的に論じるこうした試みが、カトリック司祭によって書かれた事実に驚く。このダーシーの「哲学」観は、越知と井筒に強く影響している。

彼らは、真実の意味における「哲学」は、人間が創り出すのではなく、与えられるものだと考えている。「哲学」とは、概念を論じることではなく、実在界の現実を「想起」することだと信じている。密儀宗教を貫く霊感が、「哲学」を支配するとの視座は、『神秘哲学』の根本問題を明示している。

越知はしばしば、否定的な意味を込めて「哲学者」と記す。パスカルが「哲学者」と書くとき、それは臆面もなく人間の不完全さを露呈してはばからない愚者を示す。「哲学者たちは、神にまで悪徳があるように言うことによって、悪徳を聖なるものにした」（『パンセ』五〇三、田辺保訳）とあるように、パスカルにとって「哲学者」は、超越者を人間の認識に従わせようとする迷妄者を意味する。越知も、しばしば「哲学者」をパスカル的に用いている。

しかし、越知は、「つぎつぎに新しい体系に打ち倒され、遂には哲学そのものの自己否定に終るような従来の哲学ではなく、実在の共同的な探求を目ざす創造的な哲学を夢みた時、哲学者も又掘らねばならぬと考えたのだった」（「小林秀雄論」）と書くように、本当の意味における哲学者を待望していた。

「実在の共同的な探求を目ざす創造的な哲学」とは、越知にとっての哲学の理想だが、私はこの一節ほど的確に、井筒俊彦の哲学の本質を言い当てた表現を知らない。

井筒は、主著である『意識と本質』の副題を、「東洋哲学の共時的構造化のために」とした。それはこの本の主題にとどまらず、井筒の悲願でもあった。「彼〔詩人〕は謎を愛し、それを一層生々と現前せしめようと願う」、と書く越知が「詩人」で意味するのは、真実の哲学者である。

また、越知保夫が批評家として活動を始めた頃、井筒俊彦も「批評家」だった。喩えではない。一九四八年の「ロシアの内面的生活——十九世紀文学の精神史的展望」以降、一九五三年の『ロシア的人間』まで、井筒俊彦は実質的に批評家だった。井筒俊彦を、無条件に批評家と呼ぶことが奇異に感じられるのは、近代日本を代表する哲学者になった彼から、その生涯を眺めるからである。正確にいえば、当時井筒は、哲学者である自分の横に、いつも「批評家」である彼を伴っていた。哲学の領域に封じこめることのできない経験と衝動に、もっとも驚き、希望を感じ、またあるときは翻弄されたのは、井筒自身だった。

その期間には、『神秘哲学』やイスラームの預言者伝『マホメット』執筆の時期も含まれる。むしろ、この二作の独自性は、講壇哲学者ではとうてい展開できない論旨と視座に貫かれているところにある。

井筒が『神秘哲学』を書いていた頃、越知は病のため書くことすらできず、心身の両面において、もっとも過酷な時期を過ごしていた。

大著である『神秘哲学』を前に、井筒の気力体力の充実を想像するのは誤りである。『神秘哲学』執筆当時、井筒もまた、死を近くに感じながら筆を進めていた。文字通り「血を吐きながら」書いたと後年、井筒は述懐している。彼は、この著作が遺作になるかもしれない可能性を、どこかで感じながら書いていたのである。

「死」は『神秘哲学』を貫く主題である。形而上学的「死」が、肉体的な「死」を超越することを、井筒はこの著作で論じた。この著作が、井筒俊彦の原点である。越知にとっても、「死」が出発点だった。次に私たちが見るのは、越知保夫の「小林秀雄論」の一節である。「彼」とは、『罪と罰』の主人公ラスコーリニコフである。


彼はただ「あたかも時が歩みを止めた」かと思われるような太古さながらのシベリアの曠野の風景を前にして、病み上りのソーニヤの蒼ざめた顔をつくづくと見守るだけだ。そこにどんな復活があるか——と言うのである。言うならば、そこには出発よりも到着があった。生よりも、より多くの死があった。だが同時に、その死とは、「死なば実を結ぶべし」と言われた死にも通じるものであったと言えよう。ラスコーリニコフは此処へ来るまでにどんなに多くの死を体験しなければならなかったか。さまざまな希望や夢や愛情や理論や理想が次々に彼の中で死んで行くのを見た。

（「小林秀雄論」）

これを井筒俊彦が読んだら、何と言っただろう。井筒はドストエフスキーを論じ、この作家にとって「人間の生物学的死はほとんど関心の対象ではない」（『ロシア的人間』）と言った。以下の文章を見るとき、二人の間にあるのが、状況的接近のみではないことが明らかである。

彼〔ドストエフスキー〕にとって大切なのは、精神現象としての死、人間精神の限界領域としての死である。周知のようにドストトイェフスキーはその生涯において何度も、しかも何重もの意味で、死を経験した。それればかりではない。彼は自分のまわりにも死を見た。死ばかりを見た。見渡すかぎり全ては荒涼たる死の一色であった。彼自身も、彼を取巻く人々も、誰もが額に死の烙印を捺されていた。人間の救済というからは、まず何よりもこのような死の呪縛が解き放たれなければならない。死の克服とは死からの復活のほかにはないはずだ。

（『ロシア的人間』）

二人は、論説以前に、その境涯において近づく。ドストエフスキーに触れ、死を論じる者は少なくない。しかし、自らが肉体的にも、また精神的にも死をくぐり抜けてきた人間が、肉声で、死と復活、そして救済を論じている点において、越知保夫と井筒俊彦は稀有な発言者だと言わなくてはならない。

越知が、『神秘哲学』を、そして『ロシア的人間』を手にすることがあったら、と想像してみる。『愛のロゴスとパトス』にあれほど激しく動かされた彼が、それをさらに深化、展開させた日本人の著作を読んで、黙したままだったとは思えない。「小林秀雄論」を書いた越知が『神秘哲学』を論じる、そこには――井筒の言葉を借りれば――「共時的」に小林秀雄と井筒俊彦が邂逅する場が浮かび上がっただろう。彼らはそれぞれドストエフスキーに触れ、肉体的な死を、終焉ではなく、別次元に開けゆく始原的経験として論じた。

そんな彼らには、現象界が、真実の実在――真実在――を明示しているとは、どうしても思えなかったのである。彼ら、とは越知と井筒だけでなく小林を含んでいる。以下に引く井筒俊彦の文章が発表されたのは、彼の晩年だが、その思いは幼少の頃、父親に鍛えられた修道時代からあったのである。「真昼時――地上の万物がそれぞれの輪郭線を露出しつつキラビヤカに浮かびあがる光の世界――に、どこからともなく夕闇の翳りがしのび寄ってくる」(「「エラノス叢書」の発刊に際して」)と書き、井筒はこう続けた。

事物は相互の明確な差別を失い、浮動的・流動的となって、各自本来の固定性を喪失し、互いに滲透し合い混淆し合って次第に原初の渾沌に戻ろうとする。有分節的世界が己れの無分節的次元に回帰しようとする両者の中間に拡がる薄暮の空間、存在の深層領域が、人々の好奇心をそそう。地上の一切が真の闇の中に没して完全に無化されてしまう直前のひと時の暗さには、何か言い知れぬ魅惑がある。永遠にグノーシス的なるもの……秘教的なるもの……神秘主義的なるもの……存在の仄暗さへの志向性。

表現は異なるが、視座は越知と同じである。五感は本当の実在を完全に認識してはいないと、井筒もまた考えている。井筒は、現象を「昼」、実在を「夜」に喩える。それは、彼自身の「実在」体験から来るのだろうが、同質の言葉は、越知保夫の「ルオー」にもある。

彼は夜の詩人であり画家であったのだ。夜は霊感の泉であり彼の魂は夜にこがれ、一巻の書物をひらくように、夜をひもとこうとする。夜は物語の世界をひらく。……印象派の画家たちは絵画から夜と物語を追放しようとしたが、今ルオーは再び絵画に夜と物語を導入しようとする。

（「ルオー」）

「印象派の画家たちは絵画から夜と物語を追放しようとしたが、今ルオーは再び絵画に夜と物語を導入しようとする」と越知がいうとき、「印象派」は「現代文学」を暗示し、「ルオー」に彼自身の祈願を重ねている。日本の文学には、「夜」の世界がない。意識とは何かを考えず、意識現象を論じる。存在とは何かを問わず、ひたすら多様な存在者を追いかける。それだけで文学の使命は果たせるのか、と越知は問う。その問いは、越知保夫自身が「夜」の世界を垣間見、「夜」の物語を繙いたことがあることを告げている。

「夜」の実相を凝視する越知は、井筒俊彦が『ロシア的人間』で論じた十九世紀ロシアの詩人、チュッチェフを想起させる。より正確には、チュッチェフに喚起された井筒俊彦の告白だといってもよい。チュッチェフの名前は聞きなれないかもしれない。井筒も、ロシアは長くこの大詩人を忘れていたと書いている。プーシキンと同時代に生まれた、十九世紀ロシアを代表する形而上詩人である。

越知がパスカルの『パンセ』を開き、覗き込まれているのは自分であるといったように、批評家は必ずしも論じる対象を自分で選ぶことはできない。高次の批評にはしばしば、そうした、対象とそれを論じる者との間に精神的結束がある。井筒のチュッチェフ論を読むとき、この詩人の生涯だけでなく、論じる井筒俊彦の境涯が浮かび上がってくるのはそのためだ。それは文を引用する場合も変わらない。批評家にとって、ある種の引用とは、自らの言葉では語ることのできない真実の告白なのである。チュッチェフが文字通り、「昼と夜」と題された詩を残している。訳は井筒俊彦である。

神秘な霊たちの棲む世界の上に、
名づける名もないこの深淵の上に、
神々のいと高き御心によって
金糸の繍《ぬい》の垂ぎぬが掛かっている。
昼、目もあやに燦めく帷《とばり》
昼、地の子供らの蘇生の時、
悩める魂の癒される時
人間と神々との親しき友!
しかし、日は次第に翳り、夜は来る。
夜だ! それが、宿命の世界から
恵みのとばりを裂きはがして
遥か彼方に投げ棄てる。
すると突然、我々の目の前にむき出しになるのだ、恐怖と霧にとざされた深淵の姿が。
そして我々はそれとじかに向い合う。
だからこそ、夜はあんなに恐ろしいのだ。

「昼」を高らかに歌い上げた詩人がプーシキンなら、チュッチェフはひたすらに「夜」を歌った。霊の暗夜、夜の霊性、存在の奥を歌った。彼の見た光景には、「存在」が原初的な姿のままうごめいている。理性の介入を拒む混沌と、人間の感覚を圧倒する美に満たされている。すべてはそこから生まれ、そこへ帰っていく。人間の悲願が成就するのも、この場所である。ただ、常人はそこに、準備なく参入することはできない。

「恵みのとばりを裂きはがして／遥か彼方に投げ棄てる」とあるように、「夜」は詩人に自らを開示し、すべての人にそれを伝えよと強く促す。「夜」を目撃した者にとって詩を書くことは神聖な義務となる。チュッチェフは詩人を志したのではない。彼は優れた外交官だった。「夜」の経験が、彼に詩を書くことを命じたのである。「夜」は命名しがたき「深淵」である。また、無形の絶対的実在、すなわち「存在」

の世界である。ここでは「存在」と「存在者」を区別したい。ハイデガーにならって、ではなく、おそらく井筒がもっとも影響を受けた哲学者イブン・アラビーの思想にならって、である。

イブン・アラビーは、十二世紀にスペインのムルシアに生まれた。この人物以前、イスラームには修行道であるスーフィズムはあったが、「神秘哲学」と呼ぶべき思想体系は存在しなかった。彼はイスラーム神秘哲学の祖であり、また最高峰に位置する人物である。

彼は、絶対的超越者を「存在」と呼ぶ。また彼は、万物とは、「存在」の自己限定的、自己分節であると考える。すなわち超越者が、わずかながらであっても、自らを分節的に賦与したのが事物／事象だと考える。それを後世は、イブン・アラビーの「存在一性論」と称した。すなわち森羅万象すべてが、究極的には「存在」たる「実在」の「一性」的顕現だと考えられた。もし、「存在一性論」に従うなら、私たちは、「花が存在する」ではなく「「存在」が花する」と言わなくてはならない。

「夜」を支配するのは「存在」である。そこでは、毎瞬、事物／事象、すなわち「存在者」が生起する。人間は「存在者」と向きあうことはできる。しかし、それが生まれる過程に立ち会うことは、常人には、あまりに荷が重すぎる。サルトルが『嘔吐』

で描き出したように、その世界を垣間見たとき肉体は制御を失い、「嘔吐」をもよおす。

越知保夫の「物」は、チュッチェフがいう「夜」における現象である。「小林秀雄論」にある「物」を「夜」に替えればそのままチュッチェフの、あるいは井筒の告白になるだろう。「物」の経験が、越知保夫を批評家にしたのである。

だが、それにしても、何故人間が、人間同志の間で失ったものを、否、人間が与え得ないものを、「物」があたえてくれるのか。何故、存在する喜びを、生への信頼を、愛を「物」に求めに行かねばならないのか。(中略) 人間と人間との間では愛も信頼も媒介者なしに直接的に与え合うということが不可能なようにつくられているのではないか。人間を愛するためには人間から遠ざからなければならぬ。否、人間を愛することを断念しなければならぬ。人間に注ぐべきものを人間ではないものの方へむけねばならぬ。

(「小林秀雄論」)

「夜」あるいは「物」は、「存在者」的ではなく「存在」的である。「物」、と越知が記すとき、現象的には一個の事物だが、実在的には、万物が呼応している。「小林が人間を捉えるのは、まさにこの地点である」と越知保夫が書くのも「夜」、すなわち「存在」の入口である。

そこは、「これから先もう行く処がないという地点」、「一つの窓が永遠に向って開かれようとしている地点、裸の心が裸の物に出会う場所、彼のよく用いる表現でいえば、「物をじかに見、物に見られる」場所」である。

それは我々が見ると共に、我々が見られる「物」、我々の周囲に、我々を超え、光のごとく夜のごとくみち拡りつつ、折ふしおぼろげな言葉を洩しはするが、我々が決してその全貌を見透すことが出来ない「物」、我々の小さな存在を十重二十重に取り囲んでいる謎をさして言われているのである。この「物」との出会いは、何よりも根源的な体験である。

（「小林秀雄論」）

「この「物」との出会いは、何よりも根源的な体験である」との言葉からも感じられるように、越知保夫は小林秀雄の言葉から、未知の経験を類推しているのではない。彼の重要な発言はいつも、実体験に裏打ちされている。「謎」、「存在」、「ことば」、「好色」、「花」と同じく「物」は、越知保夫の鍵概念である。越知の「物」への省察は小林秀雄をくぐり抜けることで、独自の意味を帯びてくる。

私たちは、自分の認識を疑わない。そうでなければ日常生活を送ることができないばかりか、人間は一瞬たりとも生存することはできないからである。しかし、個々の人間は、別々の世界を認識している。人間の感覚は、世界を仮象的にしか認識していない。にもかかわらず私たちはあたかも「共通感覚」があり、「本質直観」が働いているかのように生きている。だが、現実は、文化が違えば星座の「読み」も違い、色、音、香りの意味も異なる。人間は「物」すなわち「実在」を、そのまま見ることを奪われた存在なのである。生理学はもちろん、深層心理学も、人間がそれぞれの世界を生きていることに気がつき始めている。しかし、それは、哲学の始まりから人間を規定してきた条件でもあった。

私たちの日常意識は、「実在」を認識しているとは思っていない。むしろ、「実在」とは何かを考えない。しかし、私たちが「物」を感覚できているのは、「物」の方が私たちに向かって世界を開いているからではないか。「実在」を認識する、そのとき主体的に働くのは人間の意識ではなく、「物」ではないのか。そう越知保夫は考えた。彼が、リルケと出会うのは、この地点である。越知は、「物への畏敬」というリルケの言葉に、「実在」への窓を発見する。

ここで「リルケ」が意味するのは、一個の固有名であるよりも、人間が異界を垣間見ることを許された、ある場所である。井筒俊彦がリルケから受けた影響の度合いは、越知保夫に劣らない。「「聖物」は感性的世界から超感性的世界に開かれた窓であり、相対的な現象界から絶対的なる実在界へ通じる一つの通路を意味する」と、井筒は『神秘哲学』に書いている。「聖物」とは、越知が言う「物」である。それと真実の意味で邂逅したとき、人間は現象界から実在界へと次元的転換を経験する。現象界と実在界は、隣りあわせに存在しているのではない。実在界が現象界を包む。

越知は、リルケの『風景画家論（ヴォルプスヴェーデ）』を愛読した。この本を手にすることがなかったら、批評を書くことはなかっただろうほどに、その影響は強く、深い。

あるときから、ドイツの人里離れた小さな村ヴォルプスヴェーデに、どこからともなく画家たちが集まり始め、その土地、そこに生きる人々を描き始めた。画家たちは自らの意志でその地に住み始めるのだが、一方、抗いがたい強い促しの働きかけを感じてもいる。画家たちは次第に、この村の「風景」が、自らを描かせるために、自分たちを集めたのではないかとの思いに包まれる。彼らが描き出したのは、「実在」の象徴である「風景」にほかならない。

風景画精神のそのような探求は、一般に考えられているような風景画の概念をはるかに超えた体験の深みへ導いてくれるように思われた。思えば、私にとっては、風景は魂の故郷である。少年時代をふりかえる時、私の魂は風景とともに目ざめたと言っても過言ではない。

（「ルオー」）

「風景」は越知にとって、実在の代名詞である。「風景は魂の故郷である」と書くとき、彼は内心に、見果てぬ故郷の漠たるイマージュを広げているのではない。主語は「風景」であって、越知保夫は受容者である。「風景」が、魂の故郷なのである。「魂」は、「風景」と共に目覚める、それは「風景」が「魂」を呼び起こすからである。リルケは越知に、主客が逆転する「実在」の次元があることを開示した。

越知はリルケを「『マルテの手記』の作者」と呼び、小林秀雄との「精神的」類縁を指摘している。『マルテの手記』は、青年の内面世界とその現実を描いた作品だとされている。通説的な解釈では、小説中の死者たちも、マルテの内心に起こったさまざまな出来事の投影に過ぎないとされている。しかし、リルケの意図は違っていた。主人公マルテは見霊者ブラーエ伯爵の孫、リルケはその出自に意味を付与したと書いている。『マルテの手記』は「見る」者の物語である。それは現象界と実在界の重層性を経験した人間の手記である。さらに、実在界の実相は、長編詩『ドゥイノの悲歌』において、いっそう鮮烈に表れる。この十の長編詩は『マルテの手記』の構造を解き明かしている。訳は手塚富雄である。

あまたの星は
おまえに感じとられることを求めたのだ。
過去の日の大浪《おおなみ》がおまえに寄せてきたではないか。または、
開かれた窓のほとりをすぎたとき、

提琴の音がおまえに身をゆだねてきたではないか。それらすべては委託《いたく》だったのだ。

詩人は自身を語る前に、託されたことを語らなくてはならない。むしろ、何ものかに言葉を「委託」されたとき、その人は詩人になる。詩人の努力は、言葉を探すところにだけあるのではない。彼に「委託」する、主体からの「呼びかけ」を待つことにある。「過去の日の大浪」が意味するのは死者である。読み進めれば、示唆というにはあまりに直接的な経験が、リルケにあったことが分かるだろう。

風に似てふきわたりくる声を聴け、
静寂《せいじゃく》からつくられる絶ゆることないあの音信《おとずれ》を。
あれこそあの若い死者たちから来るおまえへの呼びかけだ。
かつておまえがローマやナポリをおとずれたとき、教会堂に立ち入るごとに
かれらの運命はしずかにおまえに話しかけたではないか。

また、さきごろサンタ・マリヤ・フォルモーサ寺院でもそうであったように
死者の碑銘《ひめい》がおごそかにおまえに委託してきたではないか。

ここに挙げられた教会は現存する。リルケがどんな墓碑銘を見たか、そこに何が書かれているのかも分かっている。謳われているのは「現実」なのである。肉体が滅び、人間は現象界を去り、実在界へ移行する。死者とは、実在界に生きる生者である。

実在界を判然と区別することは、現象界にいる生者が「つねにおかすあやまちだ」とリルケは歌う。さらに天使たちは、「しばしば生者たちのあいだにあると／死者たちのあいだにあるとの区別」に気づかないと言うのである。

天使の眼には、生者と死者の間に大きな差異は存在しない。ここで「天使」に隠喩の表現を見てはならない。そうした現代人の視座が「あやまち」を犯すのである。「そこには一人の天使が待っていて、彼のために扉をひらいて、彼を神秘の国に迎えてくれる」（「個と全体」）と越知保夫は書いている。彼は天使の実在を認めている。天使とは、超越者の意思を人間に向かって表現し、伝達する実在界的存在者である。現

象界に人間がいるように、実在界は天使に準備された場所でもある。

『神秘哲学』以降、天使論は井筒にとっても、中核的命題の一つだった。『意識と本質』でも、彼は「コトバの新しい天使学」に言及した。以下に引くのは、イスラームの神秘哲学者——さらに秘教的である「神智学者」といった方がいいかもしれない——スフラワルディーに触れて井筒が書いた、『意識と本質』の一節である。

> 例えばスフラワルディーが「光の天使たち」について語る時、彼はたんなる天使の心象について語っているのではない。彼にとって、天使たちは実在する。天使は、我々の世界にではないが、存在の異次元、彼のいわゆる「東洋」、「黎明の光の国」に実在するのだ。

「天使たちは実在する」、井筒俊彦もそう考えている。「天使博士」とタクシス侯爵夫人に呼ばれたのはリルケである。リルケが夫人に招かれたドゥイーノ城で着想を得たのが『ドゥイノの悲歌』である。この作品で描き出されているのは現象界と実在界の境界、あるいは二つの世界が「無境界」となる場所である。現象界にあって実在界を見、行動する者、それが越知にとっての「聖者」である。

「聖者はつくらない、faire しない。ただ存在する」（「ガブリエル・マルセルの講演」）と越知は書いている。また、続けて「その行為は faire ではなくすべて祈りである。祈りは non-faire の極致である。この non-faire は無活動ではなく、活動性の、faire の尺度では量ることのできない次元への転換である」とも書く。

faire は、「為す」「する」を意味するフランス語で、英語の do に当たる。「無為（non-faire / non-doing）」は活動が無いこと（「無活動」）を意味するのではなく、為すこと（faire / doing）の次元的転換が起こっていることを示す、と越知はいった。越知にとって、「聖者」は祈る人ではない。祈りが人になったのが、「聖者」なのである。それは現象界では、通常あり得ない。しかし、そうした此界の「尺度では量ることのできない次元」でしか、聖者は生まれない、そう彼は考えている。

「non-faire の極致」とは、老子が説く「無為」である。むしろ越知は、フランス人哲学者であるマルセルを論じるに当たって、あえて「無為」をフランス語 non-faire に置き換えることで、新しい視座を見出そうとしている。越知が『老子』をいつ手にしたのかは分からない。しかし、作品を読むと、この古典から静かな、しかし強い促しを感じていることは伝わってくる。

没後発見された井筒俊彦の遺稿に『老子』の英訳がある。そこで井筒は「無為」をnon-doingあるいはnon-actionと訳している。翻訳はその人の「読み」を端的に反映する。越知と井筒の訳語は、フランス語、英語の差異を別にすれば、同義だといってよい。

「無為」は、越知が指摘するように、何もしないこと（「無活動」）ではない。むしろ、「無為」とは、人間が「道」という淵源に遡ることである。越知の「聖者」は老荘思想における「聖人」に近い。井筒は英文主著である*Sufism and Taoism*（『スーフィズムと老荘思想』）で「聖人」をPerfect Man（完全なる人間）と呼んだ。「聖人」もまた、「無為」の実践者ではなく、「無為」が人となったと表現した方が実際に近いのである。

すべての『老子』の英訳が「無為」を、井筒と同様に訳しているわけではない。たとえば鈴木大拙とポール・ケラスの訳において「無為」は、non-assertion、すなわち「自らを主張しないこと」となっている。

この一語に関して言えば、大拙とケラスの訳は倫理的だが、越知、井筒の訳は力動的である。前者がいかに生きるかを表現している一方、後者はいかに在るか、すなわち「実在」的にとらえている。大拙とケラスの訳の主体は人間だが、越知と井筒の訳では、真実の主体が「道《タオ》」と呼ばれる不可視な「実在」であることが暗示されている。

「モンテーニュが自然の中に探ったものは、ヨーロッパを越えて、東洋人の心に生きている自然に通うものをもっている。私はしばしば老子を考えた」(「モンテーニュの問題」)と越知は書いている。自然の「底しれぬ深淵」に「眩暈をおぼえた」モンテーニュに、越知が東方世界への接近を感じ、老子に架橋の役割を見つけているのは興味深い。また、「その自然は実に深く、その奥は見究め難い」とも書いている。さらに、モンテーニュが描き出す「自然」は、キリスト教徒を「不安ならしめ」た、と言うのである。

それは、愛の神も裁く神も不在な「自然」、「名無きは天地の始め」と老子が説く主客未分の「自然」である。動揺を感じたのは、越知自身でもあっただろう。

時折、越知は「不安」という表現を用いる。それは、いわゆる心理的不安と無関係ではないが、むしろ、存在の価値基盤が大きく揺れることを意味する。彼にとって「不安」とは、自己の存在基盤を揺るがす震動なのだが、実在の顕現の予兆でもある。「「存在」の不安の根底には、このおぼろげな依存性の感覚がひそんでいて、それが我々を自己が依存している本源の存在の方へとたえずひき寄せているのだ」(「「あれかこれか」と「あれもこれも」」）との表現で語られているのは、「実在界」を目の前にした者が感じる畏怖、畏敬的感覚である。それは必ずしも光に満ちた経験とは限らない。むしろ、戦慄を喚起し、存在の固定を揺るがす「夜」の出来事として現前する。

「「あれか、これか」の世界は私を不安にした」と越知は、フランスの批評家ドニ・ド・ルージュモンの『恋愛と西洋』の読後感を語ったが、この論考から受けた「不安」の上に、彼は「愛」をめぐる思索を重ね、ついに「好色と花」に結実させた。「小林秀雄論」も、彼がリルケとルオーに出会い、根源的不安を感じたところに生まれた。この作品に流れる根源的「不安」が、越知保夫を「実在」へと導いたのである。また、ルオーは、越知保夫に、その経験を表現する「ことば」を与えた。

彼〔ルオー〕には、変化に富んだ風景やこみ入った道具立ては不用であった。重々しくのしかかる天空と、これをがっしりと支えている大地、それだけあれば風景には事足りる。大切なのは、この風景を生かしている《ことば》なのであって、そのためには風景はむしろ単純であればあるだけよいのだ。かくして、ルオーは東洋に近づく。かくて東洋の画家に見られるように、同じ道、同じ樹木、同じ水、同じ月が繰返し画面にあらわれるが、それはいくども画家の筆をくぐることによって、もはや単なる物ではなく、宇宙の寂寞の声となり、ルオーの内奥の現実、その告白となっているのである。

(「ルオー」)

「風景」を凝視するだけでなく、それを生かしている「ことば」から眼を離してはならない、と越知は注意を促す。ここで彼が言う「ことば」は、井筒俊彦における「コトバ」と符合する。井筒にとって「コトバ」とは、「存在」が現象界において、自己顕現する始原的形姿である。「存在はコトバである」と井筒は書いている。この一節に井筒俊彦の哲学は収斂するのである。ここでの「存在」はイブン・アラビーに由来する。彼は、井筒俊彦の「ウェルギリウス」である。超越者は、世界に「コトバ」となって顕れた、そう井筒は認識している。井筒俊彦はイスラーム学者ではない。ムスリム(イスラーム教徒)でもない。彼は独自の「哲学的意味論」を哲学、文学、宗教、さらには人類学、心理学の領域において展開した。彼は広義の意味における「言語」哲学者、「コトバ」の神秘哲学者だった。

私たちはここに、万物の起源を力強く論じたタレス、ヘラクレイトス、ピュタゴラスといった、古代ギリシアの哲人たちの精神の蘇りを見てよいのである。また「かくして、ルオーは東洋に近づく」と越知が記す「東洋」も、地理上の特定地域ではなく、スフラワルディーがいう別世界を意味する。そこは、今もセザンヌ、ゴッホが暮らす世界であると越知は考えている。

描かねばならないもの、呼びかけはいつも彼方からやってくるとセザンヌはいい、その「声」に従って絵筆を動かした。「声」を拒むことはできない。「一つでも拒めば、彼は芸術家ではなく、恩寵を失ったただの罪人にすぎなくなる」(「小林秀雄論」)。すべての「物」は恩寵に満たされているからだ。恩寵は、人間が望む姿をして現れてくるとは限らない。越知が「小林秀雄論」で引いているフローベルの「聖ジュリアン伝」で、ハンセン病者を抱きしめる司祭にも同じ公理が支配している。

ジュリアンは、眼前の病者に光を見つけ、その者を抱擁したのではない。彼がそれを胸に引き寄せたことで、世界に光がもたらされたのである。このときジュリアンの眼には、世界は以前とまったく同じに映っている。しかし、その一方で彼は全身で、以前とはまったく異なる「意味」を感じている。以下に引くのは、越知保夫の「好色と花」の最後の一節である。

形式の世界は現実の世界を否定するものではない。それは「虚」と「実」の二元性の内に展開されるのである。形式が崩壊するということはこの実在の二元性が崩壊し世界が一元化することを意味する。（中略）形式の世界は「実」の世界では実現し得ない生命の内奥のものに通じているのである。

彼は、この作品で異端を含むキリスト教世界における「愛」の問題を追いかけ、それを日本において論じるという意図から書き始めた。しかし彼は、自らの根本命題が愛の現象学ではなく、実在論だったことを知る。

はっきりと「実在の二元性」を感じ取っていた日本古代の歌人たちは、イブン・アラビーやスフラワルディーに通じる。また、性質的にはランボーがいうヴォワイヤン（voyant）である。「見者」という曖昧な訳語を嫌ってだろう、井筒俊彦はvoyantを「視霊者」と訳している。そのまなざしは他界にも届く。「視霊者」の見る「霊」は、死者に限定されない。それは、実在界を在らしめる根源的な働きを意味する。越知保夫の言うように、「詩人は一切を見る」（「小林秀雄論」）のである。

死者論――越知保夫と二人の劇作家、チェーホフとマルセル

越知保夫はジュリアン・グリーンの『日記』を愛読した。遺族を訪ねたとき、私はその原書を見たことがある。対話するように読んだのだろう。緑色の布で包まれた表紙は、ところどころ擦り切れていた。次に引くのは彼のエッセイ「道化雑感」の一節である。

ジュリアン・グリーンの日記に、彼が『かもめ』の観劇中に経験した強烈なイリュウジョン――それは殆ど他界の体験に近いような異常な経験の一つ――について記している。それは湖畔の場で、湖の見える庭園で数名の男女がとりとめのない談話を交わしている。遠くの方で音楽を奏しているのが木の間ごしに途切れ

途切れに聞えてくる。そんなごくありふれた場面の一つで、グリーンは突然、不思議なしかも強烈な錯覚を味わったというのである。錯覚はほんの僅かしか続かなかったが、その間彼は実際に自分が湖畔にいるような気がした。舞台に見る夜の空も、下方から波の音のきこえてくる湖も、黒々と立つ樹木も、話し合っている男女も、すべてが舞台の上の出来事ではなく実在となった。……これはグリーンの極めて個人的な経験ではあるが、私にはそこにチエホフ劇の特質にふれるものがあるように思われた。

「それは殆ど他界の体験に近いような異常な経験の一つ」（傍点、引用者）だった、と越知保夫が断定を控えたように、グリーンの経験を「他界」との遭遇とすることは、今はしない。だが、グリーンの言葉に現象界を逸脱する何かを、越知は感じ取っている。そうでなければ「すべてが舞台の上の出来事ではなく実在となった」との言葉は、単なる比喩になってしまう。

「チエホフは中学時代によく読んだ。事によったら、私が無意識の中に一番感化をうけた作家であるかも知れない」（「チエホフの『三人姉妹』」）と、静かに育まれたチェーホフからの影響を、越知がはっきりと自覚したのは、三十余年後、母親が危篤になり、偶然『かもめ』を手にしたときだった。母、越知文が亡くなったのは、一九五六年六月である。母親の死を前に『かもめ』を手に取り、他界の実在を無意識に感得しようとした自分に、彼は少なからず驚いたかもしれない。彼は、久しぶりに読んだ『かもめ』の読後感をこう続けている。

戦後私は以前に愛着していたものから離れた生活をしている。別にそういう生活をしようと思ってしている訳ではないが、自然にそうなっている。そこに何か意味があるような気もしないではないが……そういう自分が、中学校当時の愛読書をひらいたことは、場合が場合であっただけに長く尾を曳くような感銘が残った。

断定をさけるように、「そこに何か意味があるような気もしないではないが」との曖昧な表現に留めているのは、彼の実感が模糊としていたからではない。それは、個人的な経験が、普遍に開かれていく兆しがない限り論じることを禁忌とした、批評家越知保夫の倫理の現れである。『かもめ』を論じ、此岸と彼岸の重層性を「チエホフ劇の特質」だと指摘できたのは、彼に同質の実体験があったからだ。

「戦後私は以前に愛着していたものから離れた生活をしている」とは、中村光夫や吉田健一らと同人誌『批評』に詩を書いていたころを指している。病という桎梏《しっこく》の下で、死の到来を待つような詩を書いていた越知の軸足は、ほとんど現象界を離れようとしていた。時を経て、目の前に再び開かれた異界への扉に、彼が気がつかなかったとは思えない。

母が亡くなり、半年ほどたったその年の暮れ、彼はチェーホフ『三人姉妹』の舞台を見る。「空気の濃密な、沼のような深みに引き込まれるような力を感じた。それは少年時代に折々経験する一種のイリュウジョンに似た、何か存在の深部にふれるものをもっていた」と越知は書いている。

冒頭に引いた「道化雑感」の一節にもあったように、越知は「イリュウジョン(illusion)」という表現をしばしば用いる。「イリュウジョン」は、幻影と訳される。だが、彼にとってこの一語が意味するのは、幻ではなかった。むしろ、その対極にあるものだったといってよい。越知は、あるところで「イリュウジョン」に「真実感」という訳語を与えている。実在界の光に照らされる経験は、伝統的に「イルミナチオ(illuminatio)」、照明体験と呼ばれてきた。現象界では幻と呼ばれる現象が、実在界の光を招き入れ、ときに真実の実在を露呈する。

ランボーが書簡に書いたように、見者《ヴォワイヤン》であることは、詩人の条件である。また詩人とは、言葉で「イルミナチオ」にかたちを与えることを定められた人間だともいえる。ジュリアン・グリーンがヴォワイヤンであることは、先の引用からも明らかだろう。さらに証明が必要ならば、彼の『日記』の頁をすこしめくるだけでよい。グリーンの『日記』は、文字通りの意味で「見者」の記録である。チェーホフの『かもめ』が、「イルミナチオ」の契機になったのは、グリーンばかりではなかった。越知保夫もまた、それを見逃さなかった。それは、彼もまた「見者」の伝統に連なる者であることを示している。

『かもめ』では、「時」と時間が交錯する。時間に「時」が介入する。批評家J・M・マリは、ドストエフスキーに触れ、その作品を流れるのは計測可能な時間だけではない、物語はもう一つの「時」において展開するといったが、同質の公理はチェーホフの戯曲を貫いている。以下に引くように、『かもめ』は、マーシャという若い女性と、彼女に恋する教師メドヴェージェンコの言葉から始まる。本章での『かもめ』

からの引用はすべて、越知保夫の読んだ神西清訳である。

メドヴェージェンコ　あなたは、いつ見ても黒い服ですね。どういうわけです?

マーシャ　わが人生の喪服なの。あたし、不仕合せな女ですもの。

実らない恋ゆえに、マーシャは人生に失望している。彼女は、文学者志望の若者トレープレフに恋をしている。しかし、トレープレフは別な女性ニーナに好意を寄せている。時は経ち、人生が選択を迫る。マーシャはトレープレフに恋心を抱きつつ、好きだといってくれるメドヴェージェンコと結婚する。ニーナも最初はトレープレフに心を寄せていたが、女優になる夢を目指す気持ちと相まって、有名な作家のトリゴーリンに恋してしまう。ニーナはトリゴーリンと一緒になるが、捨てられる。トレープレフはニーナに、自分は今も愛していると告げるが、ニーナはそれに応えない。トレープレフは絶望し、自殺するところで劇は終わる。

ある日私は、『かもめ』を二度続けて読んだ。トレープレフの自殺を前提に、再び、先に引いた最初の会話を読んだときの戦慄を、忘れることができない。男がマーシャに「あなたは、いつ見ても黒い服ですね。どういうわけです?」と声をかける。マーシャが「わが人生の喪服なの。あたし、不仕合せな女ですもの」と答える。マーシャは恋するトレープレフの最期を予見するかのように生きている。まるで輪廻である。どこかに迷い込むのではないかと思い、本を閉じた。

チェーホフは小品「魂についてのいくつかの思い」で、人間は死してふたたび生まれ変わるのではない、一生のうちに「転生」を繰り返すと書いている。チェーホフは、生まれ変わりを信じていたのではない。彼が、いわゆる宗教的世界から距離を保っていたことは、すでに定説である。しかし、そうした予備知識を頼りに、『かもめ』を輪廻説への諧謔《かいぎゃく》に過ぎないと終わりにしてはならない。

苦悩の途中にいる人々と、若い命の自殺で終わる『かもめ』を、チェーホフはなぜ、「喜劇」と呼ぶのか。

「喜劇」とは、異界から見た人間界の出来事の総称である。そう考えたのは、チェーホフばかりではない。自らの作品群を「人間喜劇（La Comédie humaine）」と題したバルザックもそうだった。このとき、バルザックの念頭にあったのはダンテの *La Commedia* である。後年、そこに Divina（神の）の文字を加えたのは、ボッカチオである。私たちが『神曲』と訳すのはそのためだ。もともとは、この作品も単に『喜劇』と題されていたのだった。

越知が『神曲』に親しんだことは、その作品から窺える。「ダンテの神曲の如き作品は、単に作られたものではない。そこにはダンテの自由な創作力の表現以上のものがある。それはダンテの見たものであり、われわれはその作品を媒介としてダンテの見たものを見るのである。われわれは、ダンテと共に限りなき苦悩を見、天国の光栄を見なければならない」（「ガブリエル・マルセルの講演」）と書いている。越知は、『神曲』をダンテの創作だとは思っていない。むしろ、ダンテが異界に参入を許されたことに一義的な意義を認めていることを、見過ごしてはならない。『神曲』は、地獄篇、煉獄篇、天国篇と三部からなる冥界の叙事詩である。そこでは、死者が「生きている」ことがすべての前提になっている。

ダンテやチェーホフが、人間界で生起する事々を「喜劇」と呼ぶところには、真実の意味で「悲劇」にはなりえない、との認識がある。耐え難き苦悩、受け入れ難き現実があっても、それに意味を与える実在を彼らは感じている。

『かもめ』に登場するニーナは女優の卵である。トレープレフは、女優を目指すニーナのために作品を書く。彼女はトレープレフに向かっていう。「あなたの戯曲、なんだか演《や》りにくいわ。生きた人間がいないんだもの」

ニーナが舞台に上がる。舞台は二十万年後、人類は滅亡しただけでなく、すでに地球からは生命体が消えている。月光が地表を哀しく照らし出す。以下に引くのは劇中劇の彼女の独白である。

あらゆる生き物のからだは、灰となって消え失せた。永遠の物質が、それを石に、水に、雲に、変えてしまったが、生き物の霊魂だけは、溶《と》け合わさって一つになった。世界に遍在する一つの霊魂――それがわたしだ……このわたしだ。

『かもめ』では、もう一度、全く別な人間の何気ない会話から、「世界に遍在する一つの霊魂」という言葉が発せられる。

劇の終盤、さえない教師メドヴェージェンコが、医師のドールンに、世界で一番好きな場所はどこかと尋ねる。ドールンは、ジェノヴァだと答え、続ける。「あすこの街を歩いている群衆がすてきなんです。夕方、ホテルを出てみると、街いっぱい人波で埋まっている。その群衆にまじりこんで、なんとなくあちらこちらとふらついて、彼らと生活を共にし、彼らと心理的に融《と》け合ううちに、まさしく世界に遍在する一つの霊魂といったものが、あり得ると信じるようになってきますね」

医師ドールンは、医者でもあったチェーホフを想起させる。チェーホフにも「世界に遍在する一つの霊魂」を実感する経験があったからである。ジェノヴァにおいてではない。極貧の辺境であるサハリンにおいて。死刑以外のすべての悲惨を見た、とのちにチェーホフは語っている。

サハリンでは、罪もない少女が身を売られ、人間は家畜と同居していた。過酷な状況が悲劇性を帯びずに「遍在」していた。ロシアの中心都市から見る視点では、到底とらえきれない現実がサハリンにある。「「中心」は一つではなかった」、「「中心」は遍在する」、それがこのときチェーホフが見た現実だった、とロシア文学者浦雅春は『チェーホフ』に書いている。チェーホフは「中心」が何を意味するかには触れないように、浦も、それに解釈を与えない。しかし、「遍在」するという表現に、『かもめ』の訳者でもある浦が、何も感じなかったとは思えない。彼が黙したのは、触れれば、主題は現象界を超えるからだろう。

越知は、『かもめ』の「世界に遍在する一つの霊魂」に直接触れてはいないが、バルザックの作品における「一つの普遍的意志」には言及している。以下の引用文にあるバルザックをチェーホフに代えても、大きな齟齬があるとは思わない。

バルザックは一切の根源に一つの普遍的意志を信じていた。それは、本来は善悪美醜に染まぬ純粋な意志であるが、これが個々の環境を通じて人間の情熱と行為となって顕現する時、善となり悪となり美となり醜となる。バルザックの詩的直観は、この根源と合一し、そこから下降して、人間の個々の情熱を、最も偉大なものから最も卑少なもの最も隠微なものに至るまで遍歴しつつ、再び上昇し、一切の活動性の中に無償の意志の戯れを見出すことにあったのではなかったか。私は能の中にもこれに似た思想があるように思うのである。能の世界を見つめていると、そのような或る普遍的で純粋な力が見えて来る。

（「能と道化」）

越知が「一つの普遍的意志」と呼ぶ実在を、プロティノスは「世界霊魂」あるいは「宇宙霊魂」と命名し、自己の哲学の中核に据えた。万物は「世界霊魂」から流出するとプロティノスは考えた。ここで、プロティノスの流出論で『かもめ』を読み解こうというのではない。それでは、「便利な哲学だ。何もする必要はないし、それでいて良心はきれいなまま、賢者を気取っていられるわけだ」（『六号室』浦雅春訳）とチェーホフに嘲笑される。ただ、『かもめ』の真の主人公が、「一つの霊魂」であることには触れておきたい。

劇に登場するマーシャ、ニーナ、トレープレフ、メドヴェージェンコなどは、人間の固有名でもあるが、無数に分節された「一つの霊魂」の異名ではないのか。「一つの霊魂」が自己限定的に、自己分節し、自己顕現する。それが万物創造の実相である。自己限定的とは、ある限界において、ということである。もし、「限定的」でなければ、人が超越者になる。

人間、動物、植物、鉱物それぞれが、「一つの霊魂」から生まれていることには変わりないが、それぞれが表象しているのは、その部分である。人間には無数の固有名があるが、それがそれぞれ表しているのは、その一部に過ぎない。「一つの霊魂」はそれぞれの被造物に限定的にみずからの本性を分節する。被造物は完全性を内包しているが、それを「限定的」にしか表現できない。しかし、無限者である「一つの霊魂」の内にあることで、不可分的に存在しているのである。そう考えたのはプロティノスばかりではない。表現は異なるが、同質の創造論は、イスラーム神秘哲学や、老荘思想にも見ることができる。「絶対矛盾的自己同一」と表現する西田幾多郎が見たのも、こうした創造の風景だろう。

東洋とは「ギリシア以東」である、と明言する井筒俊彦を待つまでもない。ロシアは東洋である。チェーホフに東洋思想の伝統が流れていたとしても驚くには及ばない。チェーホフは、あらゆる宗教、教義、神学に全く価値を認めなかった。しかし、「中心」が遍在すると認識したサハリンでの体験を、彼は決して忘れることはなかった。ユングは晩年、インタヴューで、神を信ずるかと尋ねられ、信じない、なぜなら「知っているからだ」と答えたが、チェーホフもまた、「一つの霊魂」の実在を信じたというより、「知っていた」のではなかったか。

先に引いた文章で、越知は能楽の「純粋な力」に触れていた。同じ作品で彼は、「現前者、我々の願に応じて現前し、又消え去る者は何であるか。能の生命をなすものは、これである」と書いている。能もまた、遍在する一者、「一つの霊魂」の世界を表現するというのだろう。越知がここで「現前者」と呼ぶのは、死者である。能とは、生者と死者が交差する霊の劇である。

堀辰雄に、能の本質を端的に論じた「クロオデルの「能」」と題する一文がある。

堀はクローデルが能を論じた作品を好み、愛読した。クローデルの能の定義は明解である。

劇《ドラマ》、それは何事かの到来であり、能、それは何者かの到来である。

（「能」内藤高訳）

戯曲が招来するのは出来事だが、能は何者かが現れる場だと、クローデルは見ている。越知が論じ、愛したクローデルの戯曲『マリアへのお告げ』と能を比べてみる。『マリアへのお告げ』では、奇蹟が前面に現れ、登場人物を呑み込んでゆく。死者の蘇り、許し、回心など形態は異なるが、人間には不可能だと思われる出来事が生起する。そこに現前するのは、奇蹟の姿をとった超越者である。

一方、能の主たる登場人物は二人、ワキとシテ、それぞれが数人のツレを従える場合もある。ワキは見つめ、待つ者である。ワキは面を着けない。一人の人間である。ワキは動かない、じっと待っている、すると何者かが現れる。シテである。「神、英雄、仙人、亡霊、鬼など――シテはいつも見知らぬものの使者である。そしてそれに準じて彼は面をつけるのである。それはワキに自分を発《あば》いて呉れるようにと歎願する、覆い隠れた、秘密な何物かである」と堀辰雄は書いている(「クロオデルの「能」」)。シテは自ら語ることはせず、ワキに発見されることを望む。

越知保夫が堀辰雄の名前を挙げたのは一度だけ、立原道造、野村英夫ら四季派の詩人を論じた「四季の詩人たち」においてである。「この人達は、戦時下にあって自己の世界のいわばリルケ的な純粋性を守った人たちである。そこにanti-moderne〔反近代〕の精神を見ることができるであろう」と書いている。「リルケ的な純粋性」とは、異界の現実を、現象界の論理に引き戻さない態度を示す。反近代とは、時代に抗して、というのではなく、時代の変遷とは別なところで、という意味だろう。先に触れた時間の対極にある「時」の世界である。

「時」の世界は、単に時間が無いのではない。「無」時間的なのではなくて、いわば「非」時間的なのである。不可逆的で、死が永遠に関係を別つといった時間論は、その世界では通用しない。ダンテが、夭折したベアトリーチェや聖ベルナールといった死者と親しくするのも、「非時間的」世界においてである。

越知にとってクローデルこそ、時間的世界に非時間を招き入れた詩人だった。彼は「クローデルの『マリアへのお告げ』について」で、クローデルの戯曲が生まれてくる背景を論じながら、ふと折口信夫に触れた。折口は、文学の起源を執拗に論究する点において自分と並ぶ者はあるまいと自ら言うとおり、何が語られたかだけでなく、なぜ語りが起こったのか、「神」の意図を探った。

折口は、古代信仰における神と地霊とのかけ合い、神の威勢を前にした地霊の抗い、すなわち「もどき」を論じる。地霊は最後には服従するのだが、この「もどき」の「複雑な劇的展開」が日本文学の根幹を形成していると折口信夫は考える。それは、愛する人を失い、その運命を嘆き、私たちが神に抗する言葉を吐き出すとき、沈黙する超越者をかえって強く実感するのに似ていた。その声が、死者への歌、挽歌となったのである。越知は、「ともあれ私はクローデルにこの「もどき」を感じる。そしてこれがクローデルの劇のあの緊張感、あの生命力を形づくっているものだと思う」と書き、クローデルの劇を支えているのも、現象界の彼方にあるもう一つの世界であることを暗示する。

能を論じたエッセイに限らず、堀辰雄はクローデルを愛した。しかし、堀は、カトリックを体現するこの詩人を読むにつれ、反比例するかのようにキリスト教的世界から離れ、古代日本に近づいていった。そこで堀が出会ったのも、折口信夫だった。「もどき」の思想が展開されている『古代研究』は、堀の座右の書だった。越知保夫は「好色と花」でも、折口信夫の『古代研究』を読み解きながら死者論を展開した。「折口信夫」という地点で、堀辰雄と越知保夫は交差する。二人の軌跡には、単なる日本回帰ということでは解決がつかない問題が潜んでいる。以下に引くのは越知が「好色と花」で、折口に触れた一節である。

〔折口信夫〕氏の言う「とこよ」は死者の国であり神の国である。古代人はとこよから来る神人を迎えてその加護の下に生活していた。死者と生者とは子供の想像の内でのように生きた交りをしていた。母を失った子供にとっては、死んだ人はどこか遠い所にいてそこから自分達を見守ってくれている人である。（中略）ここでも死は存在しないということができる。死が姿を現わすのはこの死者と生者の生きたつながりが絶ち切られる時である。

生と死の断絶を癒し、回復させることは、和歌の重要な使命の一つである。その祈禱にも似た「形式」は、古今和歌集における形而上的世界にむかって開かれる言葉のかたちによって決定された、と越知保夫は言う。傍観する者の眼には、言葉の羅列に過ぎなくとも、「神」の眼には、衷心《ちゅうしん》から生まれた無比の供物に映ると越知は考えた。

ある時期、堀は古都奈良を歩いた。このときの記録が、のちに『大和路・信濃路』となる。このとき堀が携えていったのが、折口信夫の『古代研究』である。雨が降った日は、彼は部屋でこの本を読んだ。その翌日には、クローデルの『マリアへのお告げ』を手に取っている。ここにも偶然以上の符合がある。

ある日、堀はこんな記述を残している。「此処〔大和〕こそは私達のギ、リ、シ、ア、だ」(「十月」)。ここで堀が「ギリシア」と呼ぶのは、地中海に面したヨーロッパの一地域ではない。プラトンが論じたイデア界の異名である。堀辰雄にとって、美と古代はほとんど同義だった。彼が、それと邂逅を果たしたのは現象界の彼方、実在界での出来事ではなかったか。リルケは、現象界と実在界を峻別し、それを詩に謳いあげた。堀辰雄は、吉満義彦と共に、日本における先駆的な、そして優れたリルケの受容者だった。『風立ちぬ』の終わりには、リルケの『レクイエム』の一節が引用されている。

帰っていらっしゃるな。そうしてもしお前に我慢できたら、死者達の間に死んでお出《いで》。死者にもたんと仕事はある。
けれども私に助力はしておくれ、お前の気を散らさない程度で、
屢々《しばしば》遠くのものが私に助力をしてくれるように――私の裡《うち》で。

『レクイエム』が、堀辰雄を万葉集の挽歌へと導いた。すなわち、堀にとってリルケこそ「ギリシア」への案内人だったのである。

リルケは「オルフィズムからキリスト教へ」ではなく、「キリスト教からオルフィズムへ」霊性の流域をさかのぼった、そう語ったのはガブリエル・マルセルである。オルフィズムは、古代ギリシアでも最古層に属する霊性である。恐らく生は死であって、死がかえって生であるかも知れない、というエウリピデスの言葉は、オルフィズムの信仰を鮮明に表現している。彼らにとって、死は肉体の終わり、霊の誕生のときにほかならない。

リルケが「キリスト教からオルフィズムへ」と霊性の道をさかのぼったように、日本人である堀には、古代日本を通じて行くのが、もっとも自然な道だった。それは越知保夫も変わらない。二人は結核を宿痾とし、知命を前に亡くなっている。何よりも

リルケをめぐって展開した二人の精神の劇は、論究するべき問題をはらんでいる。

越知はクローデルを論じ、アランが言った「クローデルはキリスト教徒たるに充分異教徒であった」との一節を引いている。リルケにオルフィズムの継承者を見たマルセルもまた、「キリスト教徒たるに充分異教徒」たる人物だった。さらに、クローデルを、越知保夫に替えても、まったく問題ないばかりか、むしろ、越知の信仰の真実を浮かび上がらせているように思われる。キリストは、「異教徒」のために顕れたのである。世界は「異教徒」で埋めつくされていたのである。キリスト顕現の理由は、今日もまた、変わらない。

越知は、マルセルが来日したとき、講演を聞き、それを論じた。「外的な証明を嫌って直接的な確実性を求めている点では、マルセルの考え方にも通じるものを持っている」と「小林秀雄論」の初めで越知は、小林の直観的知性を論じつつ、マルセルに言及している。越知とマルセルの関係は、小林とベルクソンに似ている。マルセルは、越知保夫がもっとも愛した同時代の哲学者だった。

人間は、「神」の介入とは無関係に実存する、そうサルトルが言ったとき、人々はその言葉を預言的に聴いた。二十世紀中盤、フランスに発した実存主義の波は世界に広がった。当時、実存主義は一つの「宗教」だったといってもよい。人々が実存的であるために捧げた熱情は、求道者の祈りにさえ似ていた。サルトルを認めない者も、「実存」から逃れることはできなかった。カトリック哲学界の重鎮エティエンヌ・ジルソンすら、『嘔吐』を読み、それを「下からの神秘主義」と評したほどだった。

カミュとサルトルを比較しつつ、マルセルは「私はカミュを認めない。サルトルには何かがあるが、カミュには何もないではないか」（「個と全体」）といった。マルセルのカミュ評には異論があるだろう。ここではそれを論じる紙幅を持たない。カミュが亡くなる少し前、マルセルは彼と会談し、それ以後マルセルは考えを改め、のちにカミュの根本問題を探究した著作『人間の尊厳』をカミュに捧げることになる。

しかし、問題は、マルセルのいう「何か」である。サルトルの実存思想は「無神論的実存主義」、マルセルの思想は「キリスト教的実存主義」と称された。レッテルは便利だが、いつも重要な何かを見落としている。マルセルは、この名称を断固拒否した。

マルセル最後の著作は、口述による自伝『道程』である。この本で彼は、なぜ哲学書だけでなく、あれほど多くの戯曲を書かねばならなかったのかなど、哲学的論考では語り尽くせなかった非合理的経験や内面的な出来事を、ありのままに語っている。

最晩年、すでにペンを持てなくなっていた彼が、あえてその生涯を語りおろそうとした目的の一つが、「キリスト教的実存主義者」と呼ばれることを拒んだ理由を明らかにすることだった。そこで彼は、何度かこの問題を語ろうとするたびに、表現し尽くせない何かを感じ、話を止めてしまう。あるときは、当時、実存主義は無神論を意味していた、どうして信仰者である自分がその列に連なることができるだろうかとは言ったが、それは結局、外面的な説明に過ぎなかった。自伝がもう少しで終わろうというとき、マルセルはふと、畢竟「実存」とは、人間が息を引き取るまでの話ではないのか、と呟くように言う。マルセルは、自分の読者にはそれで十分に伝わると思ったのかもしれない。人生の晩節にあった彼は、長々と実存主義批判を展開しようとは思わなかっただろう。

マルセルが追究したのは「実存」ではなく「現存(présence)」である。「実存」は現象界の出来事だが、「現存」は実在界までも射程に入れる、とマルセルは考えている。マルセルの「現存」とは、不可視、不可触で、客体としての「本質」は与えられていないが、確かに「存在」するということである。マルセルは小林秀雄を前に、うまく説明できないがと断りつつ、「現存」的人間の典型として、ジュリアン・グリーンの名前を挙げ、ある思い出を話し始めた。

彼〔グリーン〕は、私がおそろしい自動車事故のあとで寝ていたとき、会いに来てくれましたが、その時部屋の中に誰かがいるのを感ずると言いました。おそらくは、私が失った愛する人たちのことなのでしょう。それは「現存」の一つの特徴なのです。「現存」として感じられた「現存」、客体化されていない、また、され得ないものです。

（「日本文化の底流を探る」福井芳男訳）

一九五七年秋、マルセルはフランス政府の文化使節として来日した。越知の「ガブリエル・マルセルの講演」は、このとき聴いたマルセルの講演を論じた作品である。九年後、一九六六年マルセルは再来日し、小林秀雄と対談した。このとき、越知はすでに他界している。

生前は著作集も刊行され、日本でもマルセルは、多くの読者を獲得した時期があった。だが、その影響を自身のこととして、積極的に展開するほどに受容した人物は少ない。衝撃を感じる者は少なくない。しかし、衝撃を影響の次元に引き上げるには、別な営みが必要である。マルセルの根本問題に接近するには、死者論を見過ごすことはできない。日本の思想界は死論を好み、死者論から穏やかに逃げてきた。ことに近現代は、死を生者の側から論じることに終始し、死者とは、一個の比喩だとした。

その中で、死論と死者論を峻別し、死者論に日本哲学が真の意味で「哲学」に変貌する糸口がある、と発言するのは仏教哲学者の末木文美士《ふみひこ》である。末木は、死者を「死者の記憶」に置き換えて論じようとする態度が、実は死者を無視していると断じる。このときすでに、「死者」は隠喩に過ぎない。死者と書きながら、主題はいつも生者に留まっているのではないか、と末木は指摘する。

さらに末木は、田辺元、上原専祿《せんろく》あるいはエマニュエル・レヴィナスなど一部の例外を別に、他界と死者を論じる者があっても、そこに生きる人々との「協同」を論じた人は少ない、あるいは論じる者がいても、それを率直な発言として受け止める者がいなかったことが、死者論の誕生を阻んできたともいう。文学の世界でも、状況は本質的には変わらない。死者を論じる人がいても、それを読む者は、その言葉を比喩的表現としてしか認めない。

死の体験者は一人もいないにもかかわらず、「死論」は無数に積み重ねられ、今も続いている。臨死は死ではない。私たちは死を経験することはできない。この事実は死を考えるとき、もう一度考え直されなくてはならない。経験し得るのは、近しい人間の死だけである。

もし、亡くなったあの人なら、どう考えただろうと過去を思うとき、私たちは死に目を奪われ、死者を見ていない。死者を見るなら、その人は今、どう感じ、何を思っているかと、私たちは考えなくてはならない。マルセルの生涯とは、こうした死者の臨在と共にあった。それは彼のキリスト教への入信とは関係がない。回心以前から彼は、死者との関係を築いてきた。

四歳の誕生日を母親と祝うことのできなかったマルセルにとって、根本問題はいつも死者をめぐって現れた。「彼を苦しめたのは、死の恐怖ではなかった。それは愛するものの死という問題であった」(「ガブリエル・マルセルの講演」)と越知保夫は書いている。マルセルは、愛も許しも交わりも、死者を抜きに論じることはできなかった。母親の死に始まる彼の「現存」の経験は、妻の死を経ることによって一層深まった。マルセルが夫人を失ったのは一九四七年である。哲学者における経験の深まりとは、普遍性の深化を意味する。母親の死は、年月を経て、彼をカトリシズムに接近させたが、妻の死は、彼を真実の意味での「普遍的人間《カトリック》」にした。死者との交わりの経験を話すと、ベルクソンは「激しい関心を示した」と、マルセルは自伝に残している。

ジャック・シュヴァリエが残した『ベルクソンとの対話』に明らかなとおり、ベルクソンもまた、死者との緊密な関係に生きた。

母親は蛍になったと、小林秀雄がベルクソン論（『感想』）の最初に書いている、というのは正確な表現ではない。この出来事を書いていたら、自ずとベルクソン論になっていったのである。読者は、蛍が何の喩えなのかと訝《いぶか》るかもしれない。しかし、作者である小林が亡くなった母親だという以上、そのまま信じるほかない。あるいは、頁を繰るごとに懐疑を積み重ねるかである。

小林秀雄が最後のランボー論を書いたのは、母親の逝去からそう遠くないときだった。むしろ、母親の死が、その作品を書かせたといってもよい。そこに小林は、「「他界」を立証する前に、「他界」は信じられていなければならぬ」（「ランボオⅢ」）と記した。彼がランボーに見たのは、他界をゆく一人の旅人である。

「野性状態の神秘家」とランボーを呼んだのはクローデルである。クローデルは、ランボーによって回心した。クローデルがランボーを通じて垣間見たのも、現象界の彼方であり、死者の臨在である。キリスト者クローデルにとって「聖徒の交わり」は、中核的問題だった。「聖徒」とは、カトリック教会が認める聖人を意味する。ここでの「交わり」は、「コミュニオン（communion）」、すなわちすでに帰天した諸聖人と生者との、きわめて具体的な霊的交わりを示す。「聖徒の交わり」に触れるクローデルにとって、死者の「現存」はすべての前提であり、絶対条件だった。「アランがクローデルを愛読していたことはよく知られている」と越知保夫が書いている。デカルトを愛し、合理主義者であると思われたアランが、クローデルと出会うのは、死者の世界である。アランも死者を論じ、その実在と死後の協同という出来事は、疑いえない事実であるといった。それも生者の心を通じて、とアランは書いている。注意して読んでいただきたい。ここでアランは、推量する文章を一行たりとも書いていない。

死者たちは死んではいない。このことは、われわれが生きていることから、じゅうぶん明らかである。死者は考え、語り、そして行動する。かれらは助言することも、意欲することも、同意することも、非難することもできる。これは本当だ。しかし、それには、耳を傾けることが必要である。すべてはわれわれの内部にあるのだ。われわれの内部に生きているのだ。
（中略）しっかりとものを見、よく耳をすますがいい。死者たちは生きようと欲している。あなたの内部で生きようと欲している。かれらの欲したものをあなたの生命が豊かに展開することを、死者たちは欲している。

（『幸福論』宗左近訳）

死者は現在に介入する。その現場に立ち会った経験がなければ、これほど鮮烈にコミュニオンを浮き彫りにすることはできない。

「アランは、私は坑道を掘るように思索して来たと言っている」と、越知は「小林秀雄論」に書いた。この一節は、私が触れ得た越知保夫の文章の中で、もっとも印象が深いものの一つである。はじめて『好色と花』を手にしたとき以来、念頭を離れたことはない。そこには、暗闇の中、壁をつたって歩いてきた越知保夫の姿が判然と刻まれている。

だが、おそらく越知が表現したかったのは、自分のそうした軌跡ではない。彼は、思索する者にとっての「坑道」とは何かを問いかけていたのではないか。この一節に、彼からの問いを発見したのは、私が伴侶を失い、しばらくして『幸福論』に先の一文を見つけて以降である。これまで数え切れぬほど読み返した「小林秀雄論」に、越知の真意が読みとれなかったように、私は幾度となく手にした『幸福論』に、死者論を「読む」ことはできなかった。今、私の眼には、死者を語るアランは、哲学者であるよりも異界への導者の相貌が鮮明に映る。

死者は呼びかける、とアランは書いた。マルセルは死者を、「挨拶すべき」対象だといった。越知は、能を論じた文章で死者を「現前者」と呼んだように、マルセル論でも「現前者」に触れ、問題の中枢へと論を深化させる。

以下に見るのは「ガブリエル・マルセルの講演」の一節である。私は、マルセルの哲学の核心をこれほど端的に表現した文章を、ほかに知らない。だが、マルセルの中核的思想である「主体間の交わり（communion inter-subjective）」——「相互主体的」、「間主体的交わり」とも訳される——の要約的紹介だと通り過ぎてはならない。問題は、「現前者」は「挨拶すべきもの」だという越知の実感にある。

マルセルは、この現前者 présence を「汲めども尽きぬ具体的なもの」inépuisable concret と呼んでいる。それは我々の呼びかけに対して常に「汝」Toi として現前するものであり、我々が分析したり支配したりしようとするよりも、挨拶 saluer すべきものなのだ。

「現前者」は、私たちの呼びかけに対し、固有者、「汝」として現存する。それが何であるかと解析する前に、私たちは心を込めた言葉を発しなくてはならない存在なのである。

我々が人生で最も耐え難い経験に直面するとき、そばにいて欲しいと願う他者は存在しない。なぜなら、その人物を失うことが、最も困難な経験に他ならないからである。死は衝撃をもたらし、存在の基盤を打ち砕く。このとき、人は、孤独と絶望が同義であることを理解する。

だが、ここで私たちが遭遇しているのは死であって、死者ではない。死者を発見するとは、過去を懐かしむことではない。

死者の発見を試みて過ぎた時を見つめても、その姿が見つからないのは、当然かもしれない。過去は死者の棲家ではない。彼らと出会うのは、今である。彼らは今に在って、「生きて」いる。

死者は、自らが「死した」ときも、それを見つめ、悲しむ者の傍らにいたのだろう。生者がそれに気がつかないのは、眼前の遺体を見つめ、過去に何かを探しているからである。残された者が独りだと思うのは、リルケが歌ったように、生者が犯しがちな「あやまち」である。私たちは死者と呼ばれる同伴者に、生きていたときと同じように「挨拶」をしなくてはならない。生者は、死者に向かって、あなたが逝ったときも、あなたは私の傍にいてくれたことが今ではははっきりと分かる、と感謝の言葉を贈ることもできるのである。

マルセルは自分を守るために思索し、現存の哲学を思想化したのではない。ほかの誰でもない、もっとも懐疑的だったのは彼自身だった。しかしその一方で、死者と共にでなくては、一日たりとも生きることができないことを知り抜いていたのも、彼だったのである。懐疑と信仰が並存することに矛盾を指摘する言葉は、その発言者が、身を賭して疑い、あるいは信じたことがないことを傍証しているに過ぎない。

思想家であると共に、マルセルは劇作家でもあった。マルセルはなぜ、戯曲を書いたのか。

時代を牽引した思想家あるいは学者でありながら、創作活動から離れなかった例はほかにもある。サルトルがそうであり、ミルチャ・エリアーデは宗教史家であると共に小説家だった。むしろ、エリアーデの場合は小説家として登場し、学問がそれに続いた。

彼らは多才を表現するために創作を続けたのではない。彼らに宿った主題が、小説という形式を求めたのである。それは神話誕生の理法に似ている。現象界において、神々の現実は、神話の形式をもってしか表現され得ない。越知保夫はマルセルが戯曲を書いた理由に触れ、こう書いている。

私は最近マルセルの戯曲「山頂の道」を読んで、その場面から作者が音楽を通して、垣間見ているものを窺うことができるように思った。（中略）それはばらばらに分解されてしまったものを再び綜合しようとする働きをさす。マルセルが音楽の中に感じたものはこの回復的な力ではなかったろうか。音楽の中で、人は死が一切ではないこと、一切は絶滅されたのではないこと、めぐみ深い力が働いていることを信じる。それは福田恒存が劇について言った言葉をかりれば、生と死との間の異和感の消滅、死者と生者をひっくるめた全体的調和への復帰ということができるだろうか。

（「ガブリエル・マルセルの講演」）

「全体的調和への復帰」は生者と死者が協同しなければ実現しない、と越知保夫は考えている。彼は死を想起しているのではない。むしろ、彼にとって、単に死を考えることは禁忌だったようにも思われる。

生きることでしか「生」を発見することができないように、死者と生きる現実を前に、終焉としての死を考えることは、観念の遊びにすぎないと思われただろう。マルセルが他者論を展開するとき、そこにはいつも死者が包含されている。むしろ、死者との関係が他者性の基盤となっている。

私たちに、世界があることを告げ知らせるのは他者である。彼らが、自分という狭隘《きょうあい》なる領域から、私たちを引き出してくれる。他界の住人である死者たちは、文字通りの他者である。彼らとの遭遇が、私たちの境界像を刷新する。

形而上が、形而下を超える世界を意味するなら、死者は五感を超えた、文字通りの意味での形而上的他者である。死者の発見とは、すなわち形而上的経験である。そこには、必ずしも形而上「学」は必要ない。むしろ、形而上的経験は形而上学に先行しなくてはならない。その経験を越知は「異和」と表現したのである。

「生と死との間の異和感の消滅、死者と生者をひっくるめた全体的調和への復帰」、それは劇作家のみならず、すべての芸術家の根柢を流れる悲願のような思いではないだろうか。辞書を探しても「異和」の文字はない。越知は、「違和感」とは異質な感覚を覚え、無意識的に「異和」と書いただけだったのかもしれない。この術語は、のちに吉本隆明によって積極的な意味を含み、用いられる。「違和」が齟齬や何かそぐわない感覚、あるいは日常とは異なる状態を表すのに対し、「異和」は次元が異なる事象あるいは出来事を指す。

吉本隆明の『源氏物語論』第二章は、「異和論」と題されている。「乙女」の巻を「眼にみえぬ入り口」にして、あるときを境にこの物語では、展開する次元に変化が現れる。「登場人物たちはもはや、あの光の源氏でさえ、つめたく暗い異和のなかに沈んでしまうように感じられる。作品のこの変容は謎めいているが、この謎はどこに糸をひいてるか、ほんとはしらされないのだ」。また、「男女のあいだの恋が、燃えあがるように、あるいは無意識と無意識とがつながっているかのように、しっくりと照応していたのに、（中略）やがてつめたく暗いそれぞれの情意の世界にわかれてしまう」と吉本は書いている。

ここで「照応」と書く吉本は、ボードレールの詩「万物照応」を思い出していたのかもしれない。この一語には、ボードレールがエマニュエル・スウェーデンボリから引き継いだ、地上界の万物は天上界の実在と「照応」しているという思想が生きている。越知もまた、この詩の一節である「象徴の森」に触れ、「ボォドレールが歌った象徴の森は、すなわちルオーの郊外であり、リルケの風景であって、それは永遠に向って開かれた一つの窓であったと言えよう」（「ルオー」）と書き、ルオー、リルケがそれぞれの別な表現で異界に触れていることから眼を離さない。

吉本隆明は主著『共同幻想論』で他界論を展開する。死は他界へとつながる不可避な「関門」だが、最終地点ではない。彼の関心は、死に停滞しない。むしろ、吉本の関心はそこを通過し、他界へと進む。「〈他界〉が想定されるには、かならず幻想的にか生理的にか、あるいは思想的にか〈死〉の関門をとおらなければならない（中略）現代的な〈他界〉にふみこむばあいでさえ、まず〈死〉の関門をくぐりぬけるほかないのである」（『共同幻想論』「他界論」）。

この言葉のとおり、死を越え、吉本が源氏物語に本能的につかみとるのは、物語に介入する他界である。越知保夫もまた、源氏物語に異界への扉を読みとっていた。以下に引くのは「好色と花」の一節である。

源氏物語には死者の顔を見るという場面があって強く印象に残る。（中略）紫の上の死の直後、あたりに人がない隙をうかがって夕霧はそれまで人知れず憧れていた美しい義母の死顔を盗み見、始めて近々と見る死顔の美しさにうたれる。このような着想は死というものの魅力を何等かに於て体験している意識からでなければ生れなかったであろう。（中略）愛と死は一つの世界を形造っている。或る意味では死は愛を完成する。愛は死と直面することによってその本来の不可能への憧れの持つ無限性をあらわにするに至るからである。

死者の顔を「見る」、これは一つの「呼びかけ」である。越知は「呼びかけ」を高次の愛の行為だと考えている。「チエホフの世界は隣人と隣人の世界であり、挨拶と呼びかけ、話しかけの世界であり、又高い意味での礼 politesse の世界である」（「チエホフの『三人姉妹』」）とも書いている。マザー・テレサが死にゆく人から離れなかったのは、「見る」ことの真実を知っていたからだ。心の奥深く、ひっそりとある魂は、「見られる」ことを望んでいる。「見る」、それは愛すると同義である。見られた者はこのとき不死なる魂の実在を知る。それは抱きしめられたとき、自分を確認するのに似ている。

呼びかけの言葉もまた、肉体、意識を通り越し、心、魂へと響き渡る。それならば、肉体が朽ちたとしても「声」は、捧げられたその人に必ず認識されるだろう。「高い意味での礼」と越知がいうのも、次元をまたぎ、異和の壁を越えて行く営為を指す。死者を拝する夕霧の行いもまた、礼の世界での出来事にほかならない。しかし、「呼びかけ」は、生者からのみ発せられているのではない。彼岸からもまた、来ている。「死は愛を完成する」とあるように、死は愛の終焉を意味しない。むしろ、愛は死を通り過ぎることで、真実の生命を帯びる。リルケの『レクイエム』にあったように、冥界では「死者にもたんと仕事はある」のである。以下の一節にある「彼」とは、「道化」である。越知にとって、「道化」と「聖者」はほとんど同義である。彼らの一義的な関心は自分にはない。目の前の他者にある。すでに見たように「聖者」とは、人が真に他者を思うときの、その人に与えられる異名である。

彼はもはや現実の人間としては生きない。彼の行為は現実の目的性を喪失し、目的への従属を脱した、それ自体のために存在する一つの身振り、一つの象徴、独自の沈黙の言語となる。この意味で、彼は高度に夢みる人であり、愛の人である。彼と日常の世界との間には深い断絶がある。彼は語ろうとするが言葉をもたぬ。かくして彼の沈黙の身振りは断絶の彼岸からする愛の絶望的な呼びかけである。（「道化雑感」）

「沈黙の身振りは断絶の彼岸からする愛の絶望的な呼びかけである」との一節は、彼岸からの無音の声を経験した人間でなければ、発することはできない。

人間は「呼びかけ」を「聞く」ことはできない。しかし、「見る」ことはできる。越知が「身振り」あるいは「象徴」と書くのはそのためだ。死者との間では、身振りが言葉である。「見る」とは、すでに視覚的機能を超越している。それは肉眼で見るより鮮明であり、見るというよりも、「見られる」経験である。

もう一つの次元に触れ得るその日のために、私たちにできるのは待つことだけである。しかし、そうした沈黙の待機が、彼岸の人には、この上なき愛の表現に映る。

異端論——越知保夫と須賀敦子

我々カトリックは、というとき、我々はカトリシズムの埒外にいる、とガブリエル・マルセルは言った。マルセルは、越知保夫がもっとも信頼した、同時代の哲学者である。マルセルはここで、「カトリック」が持つ二重の意味に言及している。一つは、宗教としての「カトリック」、もう一方は真実の意味での「普遍《カトリック》」である。

人が「我々カトリックは」と口にした途端、そこには「我々」ではない人々が浮かび上がる。「我々」以外の人々が存在する限り「カトリック」は、「普遍」たり得ない。カトリシズムとは、すでに完成された宗教ではなく、「普遍」を希求する信仰共同体でなくてはならないとマルセルはいうのである。最晩年に口述した自伝『道程』にあるように、あまりにキリスト教的であることで、かえってキリストから遠ざかる、そんな状況を彼はしばしば目撃してきた。マルセルは改宗者である。洗礼を受けたのは、世間が彼を哲学者だと認めた後だった。かつて自分がそうだった彼は、疎外される者を忘れることがない。キリストは、そうした魂の彷徨者のために来たのではないか、そうマルセルは考えている。

この点において、越知は、マルセルの継承者だといってよい。信仰を深めるとは、信仰箇条を増やすことではなく、むしろ、そぎ落としていくことだと越知保夫は思っている。ほかは譲歩できる、しかしこの一点は、というところまで。「小林秀雄論」にある次の一節は、越知保夫の信仰告白でもある。

信仰は謎の解決ではない。解決を求める心の抛棄である。キリストが十字架上に死んだ以上、汝も謎を解くことを求めてはならぬ。謎に手を触れようとしてはならぬ。己れを捨てねばならぬ。キリストが死んだ以上はこの世の闇は何かの間違いといったものではない。それは動かしがたいものなのだ。十字架の上にはこの世の一切の謎、一切の闇が集中され、深められ、完成されているのである。

（「小林秀雄論」）

命名しがたき何ものかを越知は、神秘と言わず、あえて「謎」と書く。神秘と命名するとき、人は、その出来事の不可知性を真に実感していない、そう感じていたのかもしれない。ときに神秘は、狭隘な神秘説の源泉となり、セクトとしての神秘主義を生み、他者とのつながりを断つ。

さらに越知は、与えられた生を「謎」の解明に費やしてはならない、と自らを戒める。「謎」が期待するのは、解読者の出現ではなく、「謎」の意味を深める人間ではないのか。信仰は、「謎」を携えつつ、自分の足で歩けと促す、そう彼には思われた。越知は、寡黙に「謎」を生きる人間を「霊の乞食」と呼ぶ。

永久にみたされぬ魂の渇きに、霊の乞食たること、に止まること、この渇きをば、何らかの知識や解決と代えることなく、地上の煉獄をへて、どこまでも浄化して行くこと、である。かくして道化という、世に無用な存在を通じて、生は己れを顕現し、道化は生の最も純粋な表現となる。

(「能と道化」)

句読点の打ち方が、いつもの越知と違うのは、彼が推敲を繰り返したからだろう。人間とは、本性的に「霊」を求めずにはいられない「霊の乞食」であるというとき、そこには、信仰すら与えられたものだとする、越知保夫の確信がある。また、ただひたすらに乞う者の生涯は、「霊」には「最も純粋な表現」に映る、とも彼は信じている。信仰とは超越者を知解する営みではなく、身を投じて求めることだというのである。

ここで彼が「霊」と呼ぶのは、「魂」を超越した実在である。「魂」は、それぞれの人間が固有であることの根拠だが、「霊」は、万人をつなぎとめる何かである。だから、人が「霊」を求める本能、それが「霊性」となる。

須賀敦子が亡くなったとき、周囲にいた文学者たちは、こぞって哀悼の意を表したが、当時、彼女の信仰と文学の密接な関わりに言及した人は、二、三の例外を除けば、ほとんどいなかった。また、彼女がカトリック信仰者であることを知らないと思われる人もいた。今から思えば、いささか奇異だが、須賀自身が、自らの信仰について、作品を通じてだけでなく、比較的親しくした人にすら明言していなかった以上、そのこと自体は、問題ではない。しかし、今日では状況が違う。

若き日に行われたキリスト教思想家の翻訳を収録した『須賀敦子全集』が編まれ、

松山巖《いわお》による詳細な年譜も整備されている。彼女の生涯と業績を統合的に確認する基盤は整ったといってよい。彼女の足跡を追う書籍や映像まで制作され、イタリア、フランスにその足跡を訪ねる郷愁的《ノスタルジック》な試みは、しばしば行われているが、彼女がなぜ、「カトリック左派」の拠点、コルシア書店に赴くことになったのか、その内的必然に論及した作品に触れることは極めて少ない。イタリアのアッシジに、彼女の影を追う者はいるが、彼女がアッシジのフランチェスコやその同伴者キアラから何を継承したかを、本格的に論じた文章を知らない。

郷愁ほど、須賀敦子の文学から遠いものはない。彼女が描き出したのは、いつも「今」である。彼女は、人々が過ぎ去ったと思った過去に、永遠の「今」への扉が隠れていることを示そうとしていた。

ミラノで過ごした日々は、彼女にとってかけがえのない時節だった。しかし、後年、「カトリック左派」の思潮が広がる様子を「熱病のようにひろまっていった」(『コルシア書店の仲間たち』)と彼女が書くとき、自身もまた、その「熱病」に冒された一人であることを自覚している。「熱病」からは、いつか癒える。須賀敦子は、過去を愛しつつ、醒めた眼で眺める。

彼女の作品には、二つの「時」が流れている。イタリアに渡って間もない三十歳の須賀が書いたエッセイ「現代を愛するということ」にも、すでに「時代」と「時」が使い分けられている。

われわれにとって、この時代こそは、最上の時代である筈です。この時代こそ、それに生き、それを犠牲《いけにえ》としてささげるために、われらにあたえられた時代だからです。

あらゆる世代は、それぞれの時代を愛すべきです。これこそは、絶えることのない善意をもって、神がわれわれに与えたもうた時だからです。そして、すべてが恩寵なら、あらゆる時代は、恩寵の時なのです。

（「現代を愛するということ」）

「時代」は、不可逆な歴史的時間を意味する。「時」とは、悠久なる永遠の今である。つねに人間は「時代」と「時」を重層的に生きている。また「時代」はいつも、「時」に向かって開かれている。彼女にとって「書く」とは、自分が「時代」のなかに目撃したいくつかの場面を、「時」の次元へと移す試みだった。「時代」から「時」への次元的転換、それが文学に与えられた使命だと須賀敦子は考えている。

それを壮大にかつ文学として実現した、と彼女に思われたのがダンテの『神曲』である。その点でも須賀は越知と接近する。越知にも『神曲』は単なる創作以上のものだった。

須賀は五年にわたって、『神曲』の読書会を続け、一部を翻訳していたという。イタリア文学者としての彼女の論考では、しばしばダンテが論じられている。彼女にとって重要だったのは、『神曲』に登場する無数の固有名ではない。誰が地獄に、あるいは天国にあるかには、深い関心を示さない。むしろ、その名前が意味する実在を読みとろうとする。特定の人物を地獄に送り込むのは政治家ダンテだが、異界そのものを描き出しているのは詩人ダンテである。政治家であるダンテは「時代」的で、人間的だが、詩人として彼は「時」を生き、「霊」の通路として存在していると彼女は考えている。

越知もまた芸術家と人間の差異に触れ、「人間はいつまでも環境の所産であるが、芸術家は何らかの所産というものではない。それはあく迄も霊妙なものであって、芸術家自身にすら説き明し難いものだ」(「小林秀雄論」)と書いている。

二人が、感じているのは同質のことだろう。彼らは、人間を二つに分けて考えているのではない。人間には、ときにその思惑を超えて、人間ならざるものが働きかけると信じているのである。人間がその本当の可能性を開花させるには、十二分の力が必要だが、最後の「二分」は、天から与えられなくてはならない、そう言ったのはカトリック司祭岩下壮一である。岩下は、越知の師吉満義彦がもっとも深く敬愛した人物である。越知はもちろん、須賀敦子にも、その霊性は継承されている。

須賀敦子における文学と信仰の問題は、今も置き去りにされたままである。それは、須賀敦子個人とキリスト教の関係を見るだけでは、解明できない問題をはらんでいる。少なくとも、遠藤周作、井上洋治、越知保夫、吉満義彦、岩下壮一の時代にまでさかのぼり、近代日本におけるカトリシズムの歴史の中で、彼女がどこに位置し、何を学び、継承し、発展させたのかを考えなくてはならない。

さらに、須賀敦子の文学は、カトリシズムの枠組みを超えて、近代日本の霊性に関わる問題に及ぶ。鈴木大拙が『日本的霊性』で、それまでほとんど注目されなかった浄土教の市井の聖者、妙好人《みょうこうにん》に霊性の顕現を論じたように、近現代の霊性を再考するとき、非宗教者すなわち市井の霊性に注目しなくてはならない。加えて、女性的霊性を見過ごすことはできない。

また、今日、「日本的霊性」を考えるとき、鈴木大拙が論じたように、禅と浄土教に収斂させるべきではない。近代においては、他宗教、ことにキリスト教との接近と相克を無視して霊性論を進めることは難しい。そもそも近代日本において「霊性」という術語を、もっとも活発に用いたのはキリスト者たちだった。彼らにとって、あるとき「霊」は、「神」とほとんど同義だった。「霊の国」とはすなわち超越界を意味したのである。

越知がそうだったように須賀敦子もまた、「霊の乞食」だった。自分には、ぴったりと合った「靴」がない、と須賀が嘆いたのは最晩年である。ここでの「靴」は、霊性に置き換えても、いっこうに差し支えない。

きっちり足に合った靴さえあれば、じぶんはどこまでも歩いていけるはずだ。そう心のどこかで思いつづけ、完璧な靴に出会わなかった不幸をかこちながら、私はこれまで生きてきたような気がする。行きたいところ、行くべきところぜんぶにじぶんが行っていないのは、あるいは行くのをあきらめたのは、すべて、じぶんの足にぴったりな靴をもたなかったせいなのだ、と。

（『ユルスナールの靴』）

この作品が、生前に須賀敦子が刊行した最後の著作になった。自分は本当の「靴」をもっていない、ほとんど裸足で歩いてきた、というのである。この言葉は、臆測なく、そのままに受け止めなくてはならない。

その「靴」は、この世界にあるどんな豪奢な、美しい、また丈夫な靴でもだめだった。それは、この世界ではなく、もう一つの世界を歩くことができる「靴」でなくてはならなかった。生前、彼女が裸足であることに気がついた人は、名前が知られる前から、彼女と親交を結んだ人々を除けば、ごく少数だったように思われる。

越知にとって、「乞うこと」は、書くことだった。それは須賀敦子も変わらない。彼女は十八歳のとき、カトリックの洗礼を受けた。親友は修道女になった。彼女もまた、修道女になることを真剣に考えた。須賀は、修道院に入ることをあきらめたが、世俗にあっても「使徒職」を全うすることはできると信じ、生涯を通じてそれを証明しようとした。その友人にとっては、祈ることが労働だったように、須賀には、書くことが、直接的な信仰の営みだった。

越知も聖職者になることを願っていた。越知は神父になる代わりに、左翼運動に身を投じたのである。逮捕され、「転向」するのだが、思想的訣別を強いられたことは、彼の根柢を揺るがすことにはならなかったと私は思う。しかし、著しい信仰的挫折を感じたかもしれない。彼にとって左翼体験は、信仰上の出来事にほかならなかったからである。

「謎」が越知に政治的活動を促したように、須賀には、文字通りの労働を強いた。コルシア書店での活動は、知性と実働の両面にわたる実践だった。帰国後、彼女は廃品を回収し、貧困に苦しむ人々を支える活動体「エマウスの家」の責任者となる。それは、時間的余裕があるときに参加するといった程度ではなく、全身を投げ出すような試みだった。その間も彼女は書くことをやめなかったが、執筆が生活の中心になったのは、越知保夫と同じく晩年である。その期間が、共に七年間ほどであることも、奇しき一致で、二人は最後までペンを離さず、前のめりに斃れた。

須賀は越知のように、教会を離れ、左翼運動に参加することはなかった。しかし、コルシア書店の理念はマルクス主義よりも革新的だった、ともいえる。コルシア書店は、名前のとおり書肆でもあったが、カトリック内部の改革派「カトリック左派」の象徴的拠点だったのである。

ベルジャーエフが指摘するようにマルクス主義は、単なる社会思想ではなく、「プロレタリア・メシアニズム」と呼ぶべき教義《ドグマ》を蔵した宗教的実体だった。それが、社会革命という極めて現実的な方法で、日常生活ばかりか、精神生活の基盤を覆すような変革をもたらしたのである。カトリック教会も、それを敵視して、眼を閉ざし続けたままでいることはできなかった。教会のなかにも、「カトリック左派」と呼ばれる精神運動が勃興する。須賀敦子がイタリアに渡った一九五八年、その運動は隆盛期にあった。須賀が、当時の精神風景を自伝的に描いた小説が、『コルシア書店の仲間たち』である。そこに、「カトリック左派」を説明した一節がある。

一九三〇年代に起こった、聖と俗の垣根をとりはらおうとする「あたらしい神学」が、多くの哲学者や神学者、そして、モリアックやベルナノスのような作家や、失意のキリストを描いて、宗教画に転機をもたらしたルオーなどを生んだが、一方、この神学を一種のイデオロギーとして社会的な運動にまで進展させたのが、エマニュエル・ムニエだった。彼が戦後、抵抗運動の経験をもとに説いた革命的共同体の思想は、一九五〇年代の初頭、パリ大学を中心に活躍したカトリック学生のあいだに、熱病のようにひろまっていった。教会の内部における、古来の修道院とは一線を画したあたらしい共同体の模索が、彼らを活動に駆りたていた。

この書店には、カトリックをはじめとするキリスト者はもちろん、マルクス主義者、アナキスト、ユダヤ教のラビも集まった。教師、作家、新聞記者、学生などがひしめき合っていた。その運動を牽引したのは、カトリック司祭であるダヴィデ、その友人であるカミッロ、そして、のちに須賀の夫となるジュゼッペ・リッカ、通称ペッピーノである。ダヴィデは神父でありながら、教会で共産党の革命歌「インターナショナル」を歌うような破格な人物で、カミッロは、教会で資本論を読ませた。ペッピーノを含め、三人共に、ある時期、イタリアの反ファシズム運動「パルチザン」に参加していた。

「カトリック左派」は実践を重んじたが、知性を軽んじたのではない。むしろ、真実の意味での知行の一致を理想とした。その実現のために始められたのが「コルシア・デイ・セルヴィ書店」だった。また、ダヴィデは詩人としても知られていた。ペッピーノも詩論を書く、そんな人物だった。この思想運動において文学性が重要な役割をもっていたことが、須賀を強く引き付けた要因でもあったろう。

『コルシア書店の仲間たち』を、もし越知保夫が手にしたら、沈黙していたとは思えない。越知にとってルオーは、絵筆をもった「使徒」だった。「使徒」とは、実践する信仰者を意味する。モーリアック、ベルナノスも、日本で知られているような内面世界を描く作家だっただけでなく、時代の不正をえぐり出す社会的発言者でもあった。スペイン内戦において、ファシスト政権を擁護するカトリック教会の態度を『月下の大墓地』で批判したベルナノスは、ついに破門される。教会を告発するベルナノスに、越知は強く反応した。

須賀敦子のベルナノスへの反応はさらに激しい。ベルナノスは彼女の精神的英雄ですらあった。ベルナノスの孤高の決断は、多くの非キリスト教徒の心をも動かした。シモーヌ・ヴェーユもその一人である。こうした先行する作家たちの活動を継承し、「社会的な運動にまで進展させたのが、エマニュエル・ムニエ」だった。

越知保夫の共訳書の一つに、エマニュエル・ムーニエの『人格主義（ペルソナリスム）』がある。ムーニエが、この著作を書いたのは晩年である。小さな本ながら、この一冊に彼の中核的思想を見ることができる。翻訳は訳者に熟読を求める。越知の文学にも、ムーニエの思想が流れ込むのは当然だった。

年譜によると、須賀敦子が倫理学者である三雲夏生《なつみ》を通じてムーニエを知ったのは、一九五三年四月である。越知の『人格主義』の翻訳が出版されたのも、同年の同月のことだった。

ムーニエは一九〇五年に生まれ、五〇年に没している。彼が活動した二十世紀前半、マルクス主義は政治的にだけでなく、思想界をも席巻していた。すなわちマルクス主義的世界観が、単に政治、経済、社会の問題だけでなく、形而上的世界にも波及していたのである。ムーニエは、敬虔なキリスト者であり、優れた思想家だが、人間が造り出した時代の不条理と闘う苛烈な改革者でもあった。彼が創刊し、主筆をつとめた雑誌『エスプリ』は、先に触れたベルジャーエフやシモーヌ・ヴェーユをはじめ、さまざまな思想、信仰をもつ者が自由に発言できる場として大きな影響力をもった。越知が強く動かされた『恋愛と西洋』の著者ドニ・ド・ルージュモンも、『エスプリ』の寄稿者の一人である。

しかし、ムーニエが若くして死ぬと、フランスでは、その運動の勢いは急速に減じていった。サルトルを中心とした実存主義へと傾斜した時代の波に、ムーニエの試みはかき消されてしまう。彼もまた、忘れられた思想家なのである。その精神を、イタリアで、実践的に継承したのが、須賀敦子の参加したコルシア書店を中心とした「カトリック左派」である。今では、彼らの活動も顧みられることが少なくなってしまったが、第二ヴァティカン公会議を準備し、カトリックを諸宗教に向かって開放したことは、記憶されなくてはならない。

人権は時代の価値観に影響され、移ろいやすい。そうした可変的なものではなく、人間の根源性、すなわち人間であることの動かない証を、ムーニエは、「人格《ペルソナ》」と表現する。彼はカトリシズムを実践思想に転換させることで、人間に聖性があることを広く示そうとした。「人格」は、「霊の乞食」と越知がいうときの「霊」と同義である。ムーニエの雑誌の名前が、「霊」を表す「エスプリ」であることも偶然ではない。

ムーニエの「人格」は、「個性《パーソナリティ》」を意味しない。彼にとって「人格」とは、ときに絶対超越者であり、またあるときは、すべての人間が、超越者から等しく与えられた不可侵の聖性を意味した。「人格」は、全ての人間に、平等に存在する。「人格はわれわれが内部から認識し同時に実現する唯一の実在である。人格は到るところに現存し、しかも何処にも所与としては存在しないものである」（『人格主義』越知保夫他訳）、とムーニエは書いている。彼は哲学言語として「人格《ペルソナ》」を用い、直接的にはキリスト教的教義を介在させない。しかし、「人格」は「到るところに現存」すると「人格」の遍在を論じるとき、彼が「聖霊」、すなわち「神の息《プネウマ》」の遍在を想起していたことは疑いの余地がない。

「ペルソナ」の思想的語源はキリスト教にある。「ペルソナ」は、元来、仮面を意味した。それが、キリスト教思想において独自の意味をもちはじめる。その典型が三位一体である。

超越者は絶対的一者でありながら、「父」と「子」と「聖霊」の三つのペルソナが存在する。父なる神がいて、その子イエスが人間の姿をして地上に顕れ、十字架上で死んだのち、「神」は聖霊として臨在する、それがキリスト教の根幹的教義である。三者は、いずれも一なる「神」である。多神ではない。複数あるのはペルソナである。顕現する姿形の違いがあるに過ぎない、そうキリスト教徒は信じている。

幼少期の事故でムーニエは、視覚と聴覚にハンディキャップを負う。ムーニエの研究者高多彬臣《たかたよしとみ》は、このことが彼の思想的視座を決定したと指摘する。若きムーニエは、司祭に連れられ、ある場所へ赴く。そこは、産業革命の煽《あお》りを受けて職を失い、貧困を強いられる人々が暮らす街で、彼が目撃した現実は、想像をはるかに越える残酷さだった。その日の出来事は「火の洗礼」となり、その炎は生涯消えることはなかった。

そのとき彼は、社会的弱者の困窮する現実だけでなく、そうした状況下においても侵されることなき、存在の尊厳を「見る」。後年彼は、グルノーブルの片隅に生きる貧しい人々の背後に見たものを「人格」と命名し、そのまま社会変革に乗り出したのである。

ムーニエにとって「人格」は、理論的帰結ではなく、常に臨在する実在である。彼は、それとはじめて遭遇した経験に忠実だった。ムーニエの思想を継承する「カトリック左派」の思潮を考えるときも、それが何を実現したかだけでなく、なぜ生まれたのかを考えなければならない。その思想が秘めている可能性は、生まれる必然性と表裏一体をなしているからである。

「貧しい」人の傍らに再び教会を据えたい、とコルシア書店に集まった人々は願った。彼らにとって、社会的な意味での「教会」は、そのあるべき姿からはあまりに遠いところにいってしまったと思われた。「教会」にとって、もっとも重要視されたのは、「教義」であって、身体的、精神的、社会的貧困に苦しむ人間ではないとさえ感じられたのである。「せまいキリスト教の殻にとじこもらないで、人間のことばを話す「場」をつくろうというのが、コルシア・デイ・セルヴィ書店をはじめた人たちの理念だった」(『コルシア書店の仲間たち』)と須賀敦子は書いている。

しかし、その活動は、思想的問題の解決を求めてはじめられたのではなかった。それだけなら、参加者たちは教会を棄て、マルキストたちと行動を共にしただろう。

「書店」に集結した人々は、貧困や心身のハンディキャップ、差別、民族的偏見などの試練にさらされている人々のそばから離れない。だが、彼らにとっての「貧しさ」とは、そうした社会的困窮に留まらなかったのである。彼らが、マルクス主義と密接な関係を持ちつつ、キリスト教から離れなかった、あるいは離れることができなかったのは、彼らの根本問題が人間の「霊」に関わることだったからである。

彼らは、自らを含め、人間が「霊の乞食」であることを熟知していた。「霊」によってのみ満たされる何かが、人間にあることをはっきりと認識していた。そうした彼らが、「霊」を否定するマルクス主義に人々を導くことはできなかった。それは、空腹で苦しむ者に石を与えるようにすら思われただろう。

『コルシア書店の仲間たち』には、本来であれば教会が担うべき役割を実践する非キリスト者が描かれている。彼女は、「アンチ・クリスト」ではない「異教徒」たちがいたことを忘れない。若き越知保夫にも同様の邂逅があったと思われる。そうでなければ、教会を離れ、自宅を活動拠点にするほど、彼が左翼運動に没入する積極的な理由は見つからない。彼らに重要だったのは、思想や宗教の異同ではない。彼らは「人格」から眼を離さない。人間は宗教、思想を同じくすることによって交わるのではなく、「人格」において邂逅し、対話することができる。人は、信じる宗教によって、

「人格」の有無が判断されることがあってはならない、そう二人は考えている。

人間は、「人格」を分有することによって人間として存在している、とムーニエは言った。「人格」がなければ、人間は、人間であることはできない。逆にいえば、人間があまねく「人格」を有していることが根源的平等の根拠となっている。これは、キリスト教のみの考え方ではない。術語としての「人格主義」は新しいが、思想である「人格主義」は古く、ギリシアにさかのぼるとムーニエは指摘する。

宗教は、「人格」の後に位置する。すなわち信仰によって「人格」が与えられるのではなく、本来的にあるものである。「人格」は、無神論者にもへだてなく存在する。思想的にはマルクス主義を信奉する人物が、実践においては「キリスト者」となり、キリスト者だと自称する者の行動がかえって、キリストの教えを打ち砕くことがある。それはムーニエにとっては当然の帰結だった。越知保夫にとって、ムーニエは、越知が吉満義彦から継承した「民衆」観を、時代的、実践的に説いた思想家だった。越知が本文でムーニエに触れているのは、以下の一節だけだが、その影響は深い。


エロスが合一であるとすれば、アガペは交わりである。パッションはその狂熱の瞬間における我と汝の消滅をねがうが、結婚は両者の独立なしにはありえない。交わりは個別化の原理でもある。こうしてアガペは「受肉」の秘義から出発して、エロスとは逆に個別化に向う。この交わりと個別化はヨーロッパの人格思想の根底をなすものである。ルウジュモンが、ガブリエル・マルセルやエマニュエル・ムーニエ等と共に人格主義者の一人と見なされている所以もここにあると思われる。

（「ルウジュモンの『恋愛と西洋』を読む」）

「交わり」と「個別化」をとおして、ここで問われているのは、信仰の伝統と教会の現在である。「エロスが合一であるとすれば、アガペは交わりである」、すなわち、「エロス」と「合一」が二者間に留まる営みであるのに対し、「アガペ」と「交わり」は、人間をいつも未知なる他者にむかって開放する。また、「アガペは「受肉」の秘義から出発して、エロスとは逆に個別化に向う」との言葉に見られるのは、アガペとエロスの対立ではない。アガペもエロスも、愛の形であることには変わりない。そこに見るべきは優劣でなく、次元の差異であると越知は考えている。

かつてキリスト教は、エロスはアガペにおいて超克されなくてはならない、と説いていた。こうした宗教観に、エロスに霊感を受けて創作してきた芸術家たちが反発したのは当然である。エロスにはアガペとは別に、固有の意味がある、とルージュモンは考えた。彼はエロスの源泉を、中世の異端、カタリ派の霊性に探る。「愛」には、キリスト教からの視座だけでは解決できない問題が潜んでいることをルージュモンは浮き彫りにしたのである。

越知はルージュモンの著作に刺激され、彼のエロス論である「好色と花」のペンを執った。彼は、「異教」の国である日本における「愛」を、その精神史に探ろうとした。日本では「好色」も「花」も、エロスにおいて捉えられ、歌に高められてきた。越知は「形式」こそ、アガペではないかと考えた。エロスはアガペがあることによって「愛」となり、欲望とは区別される。アガペはエロスを通じて、人間に、世界が美と愛に満ちていることを表現する。エロス論として書き始められた「好色と花」も、アガペ論へと展開した。

「形式の世界は現実の世界を否定するものではない。それは「虚」と「実」の二元性の内に展開されるのである。形式が崩壊するということはこの実在の二元性が崩壊し世界が一元化することを意味する」と越知は「好色と花」の終わりに書いている。ここで彼が「実」と呼ぶのは、私たちが日常的に感じている現実である。彼は、その奥にあるものを「虚」だと考えている。また、「形式」とは、単に和歌の三十一文字《みそひともじ》に限定されない、広義の「芸術」だと考えてもよい。芸術は世界を、「実在」へと回帰させる窓だと越知は言うのである。

そうした越知の「愛」の思想的探究は、司祭井上洋治を強く動かした。井上は日本におけるカトリックの文化内開花を生涯の主題とした。井上は、遠藤周作と個人的に親友の関係にあり、遠藤が文学で挑んだことを神学の領域で追究した人物である。キリストの真実を日本語で表現すること、それが両者の根本問題だった。その二人が、越知保夫の『好色と花』に出会い、衝撃を受けたのは当然だった。さらに、須賀にムーニエやマルセルの思想を紹介した三雲夏生もまた、遠藤、井上の親友だった。三人は、戦後、初めてのフランス留学の船上で出会って以来、生涯にわたる友情を育んだのだった。

井上は、アガペに「悲愛」と訳語を当てた。この一語も、井上が越知と出会うことがなければ、生まれなかったかもしれない。私たちは、「愛」という言葉が、どこか日本人の精神性にそぐわないと感じながら用いている。キリスト教の根幹にあるのは「愛」だと耳にしながら、それを実感することができない。キリスト教が日本に根を下ろすためには、その根幹にある「愛」を自らの言葉で表現できなくてはならない。

術語を母語で表現すること、それが思想の原点である。その点において、井上洋治の「悲愛」論の持つ意味は小さくない。さらに、それを喚起した越知の存在もまた、見過ごすことはできないのである。

また、越知は「交わりは個別化の原理でもある」とも書いている。フロイト以来、深層心理学は、「交わり」の前に「個」を確立しなくてはならないと説いてきた。越知は、そこに問いを投げかける。彼は、「人格」は「個」に先立つ原理だと考えている。

「交わり」はムーニエの「人格」を理解するときの重要な補助線である。「交わりはそれが呼びかけた者を解放しつゝ、呼びかける者をも解放し、強固にする」（『人格主義』）とムーニエは書いている。「人格」は交わることで顕現する。「人格」は相互に真実の意味で認め合い、存在的に交感することを希求する。ムーニエの「人格主義」は、「交わり」と「呼びかけ」の形而上学だといってもよい。「呼びかけ」が、越知の文学で重要な意味をもって用いられてきたことはすでに見た。「交わり」もまた、同じである。さらに越知は、こう書いている。

人間は神ではない。ただ神と交わるのである。（中略）この交わり communion においては個別性は失われない。むしろ固められる。

（「ルウジュモンの『恋愛と西洋』を読む」）

越知は、あえて communion（コミュニオン）という原語を記すことで、「交わり」の世界にもう一歩、踏み込もうとしている。「コミュニオン」は、生者間はもちろん、人間と超越者の「交わり」を示す言葉でもあるが、特に生者と死者との「交わり」を含意する。「人格」は、肉体的な死によって変化を強いられない。さらにいえば、他者の「人格」に触れるとは、不死なる実在に接することに等しい、と越知は考えている。

他者の「人格」に触れた者はその実在を知る。だが、触れられた者もまた、自らに不死なる何ものかがあることを知るのである。それは抱擁に似ている。抱きしめた者はもちろん、抱きしめられた者も、間にある強い思いに気がつく。また、越知は真実の意味で人が「見る」ときにも、「交わり」が生起すると言った。そうした「人格」の「交わり」は、人間が肉体を通じて行い得る、もっとも意味深い行いではないのか。もし、私たちが死にゆく者の「人格」に触れることができるなら、触れられた者は、死への恐れはそのままに、自身に不死なる何かがあることを知るのである。

日本に帰国し、上智大学で教鞭をとっていた須賀敦子は、ある日、アメリカ人の同僚の研究室で一枚の絵葉書を見つける。それは同僚のかつての教え子がスイスから送ってきたものだった。葉書裏面には、写真家の名前と一緒に「わたしには手がない／やさしく顔を愛撫してくれるような……」という一風変わった詩が印刷されていた。見覚えのある言葉だった。ダヴィデ神父の詩である。写真には、二人の男性が写っている。よく見ると一人はダヴィデ、もう一人は彼の親友のカミッロだった。コルシア書店の創立者たちである。

彼女はなぜ、同僚の部屋で、かつての同志が写った絵葉書を見なくてはならないのか分からない。「私は狼狽した」と彼女は書いている。一年前から、ダヴィデが病床にあって楽観できない状態にあることを聞いていただけに、「この不可思議な出会いがおそろしく思えた」とも記している。

こうして『コルシア書店の仲間たち』は書き始められた。この作品は雑誌連載ではなく、書き下ろしである。突然、主題が須賀敦子をつかみ、ペンを執らせた。終わりを促したのも、同質の出来事だった。ちょうど執筆が終わる頃、ダヴィデ神父は亡くなり、コルシア書店は経営が困難になり、人手に渡った。「本の結末を、著者が書くのではなくて、事実が先取りしてしまうというのは、いったいどういうことなのだろう」と、作品の終わりに須賀は書いている。

奇妙な偶然である。須賀敦子の作品に描かれた事実をすべて文字通りに受け取ることはできない。そこにある脚色があることは、彼女と近くに接した人々も伝えている。『コルシア書店の仲間たち』は小説である。そうしたことは、いっこうに問題がない。

懐疑的な人は、絵葉書の出来事も事実ではなく、創作に過ぎないというだろう。そうかもしれない。読者に無理なく受け入れられるように書き換えられている可能性はある。だが、もし彼女がありのままを描いたなら、私たちはさらに直接的な異界との接触を見ることになっただろう。

彼女の人生にはしばしば、因果律を打破するこうした事象が起きた。『地図のない道』では、一度ならず起こる既視感（デジャ・ヴュ）の経験を、ユーモアを交えて書いている。しかし、その感覚は、夫の死までも敏感に感じ取ってしまう。彼女が見、聞いたのは生者の声ばかりではない。リルケの『ドゥイノの悲歌』のように、かつてローマのゲットーに生きた無名の人々が、冥界から彼女にささやいたこともあった。

ゲットーとはユダヤ人が居住を強いられた街である。『ドゥイノの悲歌』の主題は「委託」である。詩人は何者かに「委託」されて詩を歌う。彼女はその「呼びかけ」に応えて、ゲットーの歴史を調べ始めるのである。

私たちもまた、他者に何かを託すとき、信頼できる人物を探す。そうした現象は、死者やダヴィデのように冥界に接近した人との間でも起こり得る。須賀は、それを受容することを拒まない。むしろ須賀敦子は、そうした異能を持った文学者である。

作家としての第一作は『ミラノ 霧の風景』である。その最初の一篇「遠い霧の匂い」で、描き出されているのも、多層的世界の風景だった。「あとがき」で彼女は「いまは霧の向うの世界に行ってしまった友人たちに、この本を捧げる」と記している。「霧」の向こうには、あちらの現実がある。この作品で「霧」が意味するのは、現世と冥界の分断ではなく、連続性である。「霧」は風景を隠すだけで、風景は存在している。冥界もまた、肉眼から隠れているに過ぎない。彼女は「街灯の明りの下を、霧が生き物のように走るのを見たこともあった」とも書いている。もう一つの世界が、こちらの世界に介入するとき、「霧」は「生き物のように」動くのである。

また、同じ作品で彼女は「ミラノ育ちの夫は、霧の日の静かさが好きだった」と亡夫の思い出も綴っている。須賀敦子が結婚したのは三十二歳、その結婚生活は五年半でしかない。夫は病死する。「朝、霧の濃い日は、これはきっと晴れるぞ、と言って、夫は上機嫌だった」と須賀は書いている。また、そんな日には「うそのように青い空が顔を出す」とも記している。何気ない文章だが、この作品で「霧」が意味するものを前提にすると、作家須賀敦子の秘密に触れる一節であることが分かってくる。

「霧」が色濃く感じられる日は、「きっと晴れる」、そう言われてもなかなか実感がわかない。霧が光を反射するように、「霧」は、異界から顕れ、ときに人間の心の奥底にあって、容易に消えることのない悲しみを映し出す。先の一節は、悲しみが濃い朝は、決まって幸福がやってくる、と読むこともできる。

彼女は夫を失ったことを悲しむ。しかし、これほどまでに悲しまねばならない伴侶に出会えた、その幸福を片方で嚙みしめてもいる。

私たちも、愛する死者を思うとき、そこに感じているのは、彼あるいは彼女が去ったことへの嘆きだけなのだろうか。喪われた者が近くにいるのをどこかで感じ、それに触れ得ないことを、また肉眼で見ることができないことを、悲しんでいるのではないか。むしろ、死者が私たちに近づくから、私たちは悲しむのではないだろうか。

「うそのように青い空が顔を出す」、と須賀が書くのは、悲しみはそのままに、死者が今も「在る」ことを知るからである。「青い空」がここで意味するのは、冥界の風景である。作家は、内心にあるものが何であるか、分かって書いているのではない。それを他者に読み解いてもらいたいとペンを執るのである。他者は必ずしも、生者とは限らない。彼女は書くときいつもペッピーノを意識している。彼女は亡夫を読者に想定しない作品を書いたことなどなかっただろう。

勿論現代人にとっては超自然などというものは、全く無意味な空虚な概念にすぎない。が、中世ではそうではなかった。自然は、超自然によって意味づけられていたのである。超自然界は人間の自然の能力を越えてはいるが、厳存する実在であり、恩寵の世界である。近代の発見した自然はそのような超自然から切り離された自然であり、そのことが自然の発見ということになるのである。だが中世人は近代人のように自然に対したのではなかった。中世の自然は常に超自然なものに関連せしめられていた。たとえば現世は来世があってはじめて意味をもつ、という風に。

（「小林秀雄の『近代絵画』における「自然」」）

越知保夫の文章だが、須賀敦子が読んでも、何ら異義を唱えることはなかったばかりか、この短い文章に、存在の構造と秘義を端的に表現する批評家の存在に、驚きを隠さなかったと思われる。自然を発見するとは、自然が超自然に内包されていることの認識であり、現世を見極めるとは、来世の存在を知ること、また、世界の存在に先行するのは「恩寵」だと言うのである。越知保夫の世界観の端的な表現だと考えてよい。

ここでの「中世人」とは、単に歴史的過去に生きた人間ではなく、人間が世界の支配者であるとはつゆ思わなかった、敬虔な、しかし無名な人々を指している。真実は、こうした人間の心の奥でのみ明らかにされる、そう越知は考えている。彼は、「中世人」はいつの時代にもいることを疑わない。そうした寡黙な人を彼は、「民衆」と呼ぶこともあった。

須賀敦子の作品に登場するのも、ほとんどが市井の人である。作品にはいわゆる「有名な」人もしばしば出てくる。先に見たように『コルシア書店の仲間たち』では、ルオー、ベルナノス、モーリアック、ムーニエなどの芸術家、作家、哲学者たちの名前はあがるが、彼らは何も語らない。ただ、無名の人々を照らし出すのである。

文学とは「民衆」の心中にあることを言葉にすることだ、と越知は信じていた。彼は、自分が本当の「作者」でないことをはっきりと知りながら、ペンを走らせている。そんな彼は、自分の名前が残るか否かに心を悩ませることはなかっただろう。しかし、作品が読み継がれていくことは、強く願ったかもしれない。そこには無数の「作者」が携わっているからである。

越知保夫は、書く人である前に、「見る」人であり、「聞く」人だった。それは須賀敦子も変わらない。作家須賀敦子の異能は、表現の巧みさにあるのではなく、不可視なものを見、声ならぬ声を聞く感覚にある。彼女は、誰も顧みない時代、人物、文化、空間に、声ならぬ声を聞き、「現実」を見た。須賀にとって、「現実」とは、私たちが生きる現象界の出来事に限らない。本当の「現実」は人間の眼には隠れている。彼女にとって文学とは、言葉によってその「現実」を浮かび上がらせることだった。

「文学と宗教は、ふたつの離れた世界だ、と私は小声でいってみる。でも、もしかしたら私という泥のなかには、信仰が、古いハスのタネのようにひそんでいるかもしれない」（「古いハスのタネ」）と須賀敦子は書いている。「古いハスのタネ」はアフォリズム集で、この一節にも前後の文章はない。ここで彼女は「信仰」を文学と宗教の間に置いている。ここでの「信仰」をカトリシズムに直結させるのは、すこし乱暴なことかもしれない。「古いハスのタネ」との表現も、仏教的伝統に読者を導く。
須賀敦子の祖母は、熱心な真言宗の信仰者だった。須賀敦子の信仰を考えるとき、祖母の影響を見過ごすことはできない。「「おつとめ」は般若心経ではじまり、和讃で終った」（「本のそとの「物語」」）、また「物語」へと自分をいざなったのも和讃だったと述懐している。須賀は、三十歳のときイタリアで『歎異抄』を英訳している。また、彼女の業績中、日本近代文学の伊訳を忘れてはならない。三十三歳から三十七歳までに須賀が伊訳した日本文学は三十作品を超える。彼女の訳で日本近代文学を知ったイタリア人は少なくないのである。こうした一連の仕事を通じて彼女は、イタリアにあって、いっそう自分のなかにある「東洋」を意識しただろう。以下に引くのは須賀の、イタリア詩人ウンガレッティ論の一節である。

自己の根源――イタリア性――について、だれよりもよく理解していたのは、ウンガレッティ自身であった。形而上の世界にとじこもるためには、カトリシズムや家族、ともすれば平衡を失う感じやすい心など、棄てなければならない夾雑物を、彼はあまりにも持ちすぎていた。

続けて須賀は、「古い歌声がもどってきたとき、詩人はこれをしずかに受け入れた」と書いている。こうした一文は、実体験を経なければ書くことはできない。別の詩人に触れ、「中世キリスト教の情熱、いや、ひょっとしたら、もっと古いイタリア古来の、どろどろとした原始のたましいをしっかりと抱いた、非理性‐神秘主義に彩られた世界」とも述べている。「古い歌声」や「原始のたましい」を受け入れたのは、彼女が愛読したイタリア詩人だけではない。彼女自身も、である。同質の経験を「寄るべのない古い感情」と呼んだのは小林秀雄である。越知は、強い共感を添えて、この小林の言葉を幾度か作品に引いている。

（『イタリアの詩人たち』）

須賀敦子の最初の訳書は、一九六三年に刊行された、沙漠に生きた修道士の語録『荒野《あれの》の師父らのことば』である。このとき越知保夫はすでに亡くなっている。須賀は、「荒野の師父ら」をこう紹介している。

すでに四世紀のはじめには、エジプト、パレスチナ、アラビア、ペルシアなどの荒野に、あるいは一団となり、あるいはひとりはなれて、きびしい修行の日々をおくる人々があった。この人たちこそは、荒野の師父たち、すなわち、のちにキリスト教文化史上、重要な役割を果たすことになった、修道生活のさきがけをなした人々で、東洋における禁欲的修行の伝統をキリスト教的にひきわたす役目をになう人々であった。

（『荒野の師父らのことば』まえがき）

これを訳した当時、須賀はイタリアに渡ったばかりだった。「東洋における禁欲的修行の伝統をキリスト教的にひきわたす役目」は、今日も続いている、それは自分にも与えられた役割である、そう考えたから彼女はこの本を訳したのだろう。私は、キリスト教に「東洋」の痕跡を発掘しようとしていた越知保夫が、この須賀の訳書を素通りしたとは思えない。

キリスト教は、紀元一世紀初期にナザレのイエスと呼ばれたユダヤ人によって、現在のイスラエル北部、ガリラヤ湖の近くではじめられた宗教である。ローマ帝国の国教になることで、キリスト教はヨーロッパ大陸で大きく花開くのだが、その原始的霊性は「東洋」的世界に生まれたことは歴史的事実である。

一九六〇年に越知保夫は、同じカトリック系の出版社から、ギュスターヴ・ティボンの訳書『二人での生活』を刊行している。このとき須賀敦子は、もうイタリアに渡っている。今日ではティボンも越知保夫と同じく、顧みる人は少ない。しかし、シモーヌ・ヴェーユの読者は、遺稿集『重力と恩寵』の編纂者だと聞いたら思い出すかもしれない。

最晩年、須賀敦子は小説『アルザスの曲りくねった道』を準備していた。ノートと未定稿が発見されている。この作品でヴェーユは、精神的背景をなす重要な存在として位置づけられていたことがノートから分かる。あるとき、須賀敦子は本棚を見て、ヴェーユに関する本が多いのにすこし驚いたと、ヴェーユと浅からぬかかわりをもって生きた日々を振り返るエッセイを書いている。須賀がティボンを知らなかったとは考えにくい。『重力と恩寵』解題でティボンは、ヴェーユの生涯を美しく描き出している。

しみひとつない純な神秘の光が彼女から発してくるようだった。わたしは、ひとりの人間が、宗教の奥義とこんなにまで親しくなじんでいるさまをこれまで決して見たことがなかった。彼女と出会うまでは、〈超自然〉という言葉が、これほどの実在感に溢《あふ》れているものと思ったことは、一度もなかった。

（ティボン『重力と恩寵』解題、田辺保訳）

このときティボンはまだ、ヴェーユの文章を読んでいない。ただ、姿を見てそう思ったのである。彼が本格的にヴェーユを読むのは、亡命するためにアメリカへ渡るのに際し、草稿がぎっしり入ったカバンを彼女から預けられたときである。ヴェーユの文章をはじめて読んだときのことを、ティボンは「わたしが個人的にシモーヌ・ヴェイユという人を知らなかったとしても、その文体を見ただけで、その証言の真実性を確信することができたであろう」と記している。ヴェーユが特異な精神の持ち主だったことは、論をまたない。それを発見したティボンもまた、異能の人だった。越知保夫は「小林秀雄論」のエピグラフにティボンの一節を引いている。その言葉は、病中書くことを奪われていた彼には、護符のように感じられたに違いない。

お前は自分を狭苦しく感じている。お前は脱出を夢みている。だが蜃気楼に気を付けるがよい。脱出するというのなら、走るな。逃げるな。むしろお前に与えられたこの狭小な土地を掘れ。お前は神と一切をそこに見出すだろう。神はお前の地平線上に浮動しているのではない。神はお前の厚みの中にまどろんでいる。虚栄は走る。愛は掘る。たとえお前がお前自身の外に逃げ出してもお前の牢獄はお前について走るだろう。その牢獄はお前が走る風のために一層狭まるだろう。だがもしお前がお前の中に留まって、お前自身を掘り下げるならば、お前の牢獄は天国へ突き抜けるだろう。

越知保夫が、須賀敦子の作品を読んだら何と発言しただろう。彼はティボンのように、「その文体を見ただけで、その証言の真実性を確信することができた」だろう、と私は思う。

もし、越知保夫に勧める須賀敦子の作品を選ぶとすれば、躊躇なく彼女の「異端」論でもある『ユルスナールの靴』を挙げたい。「異端ということばが、私にある記憶の扉をひらいてくれる」と彼女は書いている。「異端」は、ルージュモンを知った以後、越知にとっても重要な主題だった。彼は「異教徒」の血が自分のなかに流れていることをはっきりと自覚していたからである。

須賀敦子は現代キリスト教の思想家の翻訳者として物を書き始め、日本文学の伊訳、日本でのイタリア文学の研究を経て、小説家になった。彼女には、小説やエッセイのほかに、優れたイタリア文学論や、イタリア詩人を論じた批評もある。そうした遍歴を経た須賀が、最後に書いたのが『ユルスナールの靴』である。この作品は、題名の通り、フランスの作家マルグリット・ユルスナール論でもあるが、彼女の眼目は、ユルスナールという通路を通じて、彼女がもう一つの世界を明示するところにある。そこで須賀敦子が深い情熱をもって論じたのが、ユルスナールの小説『黒の過程』だった。

十六世紀ヨーロッパを舞台にする『黒の過程』の中心にいるのは「異端者」たちである。錬金術師ゼノン、再洗礼派のシモン、そして宇宙の無限を論じ、地動説を支持したジョルダーノ・ブルーノ。ゼノン、シモンは創作中の人間だが、ブルーノは実在の人物である。

錬金術が近代科学、あるいは深層心理学の母胎となり、ブルーノの説が科学的に正しいことに、今日、異論をはさむ人はいない。再洗礼派は、当時、儀式化していた幼児洗礼を認めず、自らの意思で行った洗礼が真の洗礼だとしたことから、その名が付いた。彼らは、カトリックから異端視されただけでなく、プロテスタントからも排斥、異端とされた。「再洗礼派」という呼称も、彼ら以外のキリスト者が用いたものである。

彼らは皆、時代に弾圧され、教会に裁かれてきたところでは一致している。ユルスナールは、この作品を通じて、新しい時代はときに、「異端者」、あるいは「異教徒」によって開かれることを告げようとしている。また、「異端者」たちの言説だけでなく、その境涯が何かを物語ることがあることを重層的に描き出している。

以下に引くのは、須賀が、『黒の過程』の登場人物の一人、錬金術師ゼノンの生涯と作品の構造が呼応していることを指摘した一節である。「トリロジー」は三分説と訳される。プラトンの霊魂の三分説、キリスト教の三位一体論というように、「三」は古代から完全性を象徴し、存在の秘義を意味する数字、というよりも実在だった。「トリロジー」は、一者が、三つの側面を持ちながら不可分的に存在する、すなわち「三位一体」的様相を意味している。

精神、肉体、たましいというユルスナールがランボーの『地獄の季節』から受けつぎ、彼女が「黄金のトリロジー」と名づけた三つの要素は、登場人物だけでなく、『黒の過程』の構成そのものをも支えている。第一部の「街道」では、ゼノンの遍歴の時代が語られ、教会にむかっての苦々しい批判が低音で流される。それはまた同時に、ゼノンの精神の働きが若葉に萌えたつ五月の樹木のように、もっともめざましかった肉体の時代でもあった。第二部ではブリュージュに帰った彼は、修道院長の庇護をうけ、医師として慕われるのだが、旅をつづける自由はもうない。旅の自由は失ったが、ゼノンは、人々に必要とされるようになったじぶんを発見し、知らぬまに迎えていた、〈たましいの季節〉に驚かずにいられない。

(『ユルスナールの靴』)

ゼノンの境涯に見ることができる「トリロジー」はそのまま、須賀敦子自身のそれに符合する。彼女の生涯にも三つの「時代」があった。彼女にとって「肉体」の時代は、イタリアでの日々が終わるまで。第二の時代、すなわち「精神」の時代とは、彼女が帰国後、エマウス運動の指導的人物でありながら、研究者として大学の教壇に立ち、小説の筆を執るまで。「たましい」の時代は、作家として活動した七年間である。

越知保夫においては、入信から左翼運動に参加するまでが「肉体」の時代だった。この時期以後、彼は結核を患い、文字通り「肉体」の自由を奪われる。獄から解放され、中村光夫や吉田健一らとの同人誌『批評』に詩を書いた時期もあったが、体は次第に執筆に耐えられなくなる。病に冒された彼の肉体には「旅をつづける自由はもうない」。そして、長い沈黙の後、批評家となった時期、彼は内心から湧き上がる思いを前に、「知らぬまに迎えていた、〈たましいの季節〉に驚かずにいられな」かっただろう。

須賀敦子は、「魂」ではなく「たましい」と書く。そこには「魂」にまとわりついているさまざまな先入観や偏見とは別な意味で、という彼女の意思がある。越知保夫も「魂」に特別な意味を込めて用いた。「信じるべき魂はパスカルの神の如く隠された自己、隠された魂であり、「厚みの中にまどろんでいる。」それ故にこそ、先ずそれは信じられねばならなかったのだ」（「小林秀雄論」）と書く。「隠された魂」とは、「霊の乞食」が希求する「霊」そのものである。須賀の「たましい」もそれに呼応している。

「異教徒」ユルスナールは、彼女の眼に「たましい」の時代に生きる、「霊」の人として映った。そうした人間には、すでに狭義の意味での「宗教」は必ずしも必要ない。須賀敦子はコルシア書店での活動を通じて、新しい時代を切り開く「異教徒」を何人も見てきた。越知保夫は、「パスカルは真のキリスト教徒たるためにはあまりにも異教徒でなさすぎた」といったアランの言葉を引いている。さらに、彼は「異教徒」に触れ、以下のように書いている。この言葉は『ユルスナールの靴』を論じる文章に出てきたとしても差し支えないばかりか、その中核を的確に言いあてている。

異教徒という言葉は誤解を招きやすい危険な言葉である。これを反キリスト教という意味に解してはならぬ。それはむしろキリスト教以前の、未開の、裸のままの自然の直接性、或は本能の叫び、畏怖の叫びであって、しかもその叫びがクローデルにあっては絶えざるキリスト教への讃歌となって迸出しているのである。そしてこの本能の力の緊張がキリスト教信仰の生命力となっているのである。

（「クローデルの『マリアへのお告げ』について」）

異教徒の声を「キリスト教以前の、未開の、裸のままの自然の直接性、或は本能の叫び、畏怖の叫び」であると記すとき、越知は「東洋」が渾沌と呼んできた、宗教誕生以前の霊的うごめきを表現しようとしている。須賀敦子の作品の底深く流れているのも、宗教の彼方、宗教以前の世界へのいざないである。彼女はイタリアの詩人エウジェニオ・モンターレの作品に触れ、キリスト教以前の「古いイタリア古来の、どろどろとした原始のたましいをしっかりと抱いた、非理性－神秘主義に彩られた世界」だと表現しているが、こうした言葉は、同質の風景を内心に見た者だけが書くことができるのである。二人は、別な道を通じて同じものを凝視している。

『ユルスナールの靴』は、狭義の「宗教」を超えて行こうとする須賀敦子の静かな熱情に貫かれている。夫の死を鋭敏に予感していた彼女は、『ユルスナールの靴』を書きながら、どこかで自らにも「時」が迫っていることを感じていたのかもしれない。次の一節は、そうした思いも感じさせる。

もうすこし老いて、いよいよ足が弱ったら、いったいどんな靴をはけばよいのだろう。私もこのごろはそんなことを考えるようになった。老人がはく靴の伝統は、まだこの国にはない。その年齢になってもまだ、靴をあつらえるだけの仕事ができるようだったら、私も、ユルスナールみたいに横でぱちんととめる、小学生みたいな、やわらかい革の靴をはきたい。

（『ユルスナールの靴』）

彼女が「老人がはく靴の伝統」がないと言う「この国」とは、日本であるよりも、キリスト教という「国」である。先にも見たように、ここでの「靴」は霊性に等しい。それは、老年にさしかかった女性が履く一足の「靴」である。しかし、それは小さくても、いつわりなく、自分の「靴」だと呼べるものでなくてはならない。このとき彼女は自分のなかにある「東洋」を強く意識していたのかもしれない。「東洋」とは、単に地理的領域ではなく、『荒野の師父らのことば』以来、彼女がしばしば論じた、もう一つの世界としての「東洋」である。その場所は、さまざまな人々によって複数の名前で呼ばれてきた。超越界、実在界、天界、冥界もその一つである。

この作品が刊行された翌月、須賀敦子の卵巣に悪性腫瘍のあることが判明する。彼女が亡くなったのは、それから一年半後、一九九八年三月二十日のことだった。彼女が必要としていたのは、ペッピーノと彼岸を歩く「靴」だったのかもしれない。

あとがき

越知保夫にとって「見る」、あるいは「見られる」経験が、彼の文学の源泉だった。越知が私たちに垣間見せる存在の深みは、彼が「見た」よりも、むしろ、何ものかによって「見られる」体験から来ている。

ルオーに触れて越知保夫は、この画家は、世界に再び「夜」をもたらそうとする、と書いている。ここでの「夜」は、日没後の時間帯に限らない。私たちが日常と感じる「昼」の奥にある、もう一つの世界である。越知にとって「夜」の経験とは、人間が何かを「見る」ことではなく、「見られる」ことだった。「夜」、眼を凝らしても見えるものは少ない。私たちもまた、「夜」に、何ものかに「見入られている」と感じたことはないだろうか。どこからともなく注がれる「まなざし」に、驚かされた経験はないだろうか。

人間を見つめるのは「物」である、と越知は言う。「光のごとく夜のごとくみち拡りつつ、折ふしおぼろげな言葉を洩しはするが、我々が決してその全貌を見透すことが出来ない「物」、とも彼は記している。「物」は「光」のように万物を照らし、「夜」のように世界を包み込む。ときに「おぼろげな言葉」を放つが、人はそのすべてを知ることはできない。彼にとって「物」とは、特定の事物、事象を示す言葉ではなく、現象界の彼方から浮かび上がる未知なる到来者の顕現を意味する。ルオー、リルケ、チェーホフなどの先人、あるいは小林秀雄やガブリエル・マルセルといった同時代人も、越知保夫には、「物」への窓にほかならなかった。越知は、哲学者とは、超越と人間との「媒介者」でなくてはならないというマルセルの言葉に触れているが、それは、越知が自らに課した義務でもあった。

越知保夫の師吉満義彦が、真に私淑《ししゅく》し、その霊性を継承しようとしたのがカトリック司祭であり哲学者でもあった岩下壮一である。越知は作品で、岩下に触れることはなかったが、彼が洗礼を受け、決定的な影響を受けた暁星小学校・中学校、そして一高のカトリック研究会には、岩下の思想が不文律のように生きていた。吉満義彦が岩下と出会い、無教会派から改宗したのに対し、信仰者である越知は、幼いときから、岩下壮一の影響に育まれたのである。

「人間は先づ何よりも完全な人間になるように努力しなければならない」と岩下は晩

年の論考「キリスト教に於ける司祭職」で述べている。さらに、人間が「完全な人間」、すなわち十二分に人間であるためには、「すこし人間以上になる必要があり、この十分の二分は上からこなければなら」ない、と続ける。

人間は、人間の努力において、人間たろうとするだけでは不十分である、それが達せられるには、どうしても「人間」を超えた何ものかの介入を待たなくてはならない。岩下が「人間」と書いたところを「文学」と置き換えれば、そのまま批評家越知保夫の秘密を明らかにしている。

越知にとって批評とは、「人間」を超えた何ものかとの協同の営みである。何ものかが介在する経験を、越知は「見られる」と表現する。彼にとって文学とは、その見えない何ものかの意図を、言葉によって顕すことだった。何ものか——あるいは「物」——は、超越的一者であるとは限らない。彼はしばしば死者を論じたが、越知保夫における文学とは、「生ける死者」との共時的な邂逅を実現する場でもあった。

人は、いつか死なねばならない。だから、大切な人を失い、悲しむ者もまた、絶えない。彼らの傷を癒すのは容易ではない。だが、彼らと共に死者を考えることはできる。それは、書く者に課された一つの責務ではないだろうか。宗教者、哲学者らと同じく、文学者もまた、死者を確固たる実在として論じることを託されている。越知保夫がいうように「民衆」の心に分け入り、彼らの声を聞き、それをできる限り忠実に表現することを求められている。死者を論じる際、越知は現在形で語る。彼にとって死者は、今、傍らにいる不可視な「隣人」にほかならない。

第十四回『三田文学』新人賞の締め切りは二〇〇六年の十一月三十日だった。その一週間前の二十三日まで私は、文章を書くことから、十五年ほど遠ざかっていた。二十二歳のときに、中村光夫、小林秀雄、正宗白鳥を論じた「文士たちの遺言」で同誌の懸賞論文の佳作にすべり込んだのが、批評を書くきっかけになり、その後、百枚ほど中村光夫論を書いたが、大学を卒業し、企業人として働きだすと、自ずと執筆からは離れていった。越知保夫論を書き始めたのは、十二年勤めた会社を辞め、起業してから四年目、不安定な要素も少なく、未熟ゆえに多忙な時期でもあった。

外出先から帰ると、妻はソファーにすわってテレビを見ていた。いつもどおりに会話を交わして、リビングルームの妻から少し離れたところで、おもむろに越知保夫論を書き始めた。彼女は私がいつものように仕事をしていると思ったと思う。

普通に考えれば、十年以上も書いていない人間が、締め切りを七日後に控え、百枚の評論を書くには、文献の整備など、少なからず準備を要する。それまでは、書く意図などなかったから、いわゆるノートもなければ、引用を確認したわけでもない。カバーも無くなり、ところどころ擦り切れそうな越知保夫の遺稿集『好色と花』が、書棚にあっただけである。

だが、私には、このまま数日が過ぎれば、自分はもう、しばらく文章を書かなくなるだろうということが、はっきりと感じられていた。それが思い過しだったのか否かは、今となっては分からない。その後、四日間で、「越知保夫とその時代」を書き上げ、二日ほど脱力した日々があり、締め切りぎりぎりに投函した。

翌二〇〇七年二月、新人賞受賞の連絡が来たときに感じたのは、喜び以上に、畏れの感情だった。私は越知保夫論を書きながら、言い難い導きを感じていた。それが何であるかは、書いている最中は分からなかったが、受賞の連絡があったときに、傍らにいたのが越知保夫だったことがはっきりと感じられたのである。それが「錯覚」に違いないことは、私の理性も承知している。しかし、そのときにはっきりと「聞いた」越知からの感謝と祝いの言葉もまた、「私」の大切な経験であり続けている。

書き手の意志がなければ作品は出来上がらないだろうが、それだけでも完成はしない。そこには、作者の意図とは別の、命状しがたい力が働いている。書き手の役割は、仕事が完遂する一工程に過ぎない。リルケが繰り返し書いているように、筆者とは、文字通り、筆を動かす者であり、語り手は必ずしも筆者に限定されず、複数存在する場合が少なくない。

新人賞に応募した頃は、越知保夫の顔すら分からず、遺稿集のほかには伝記的資料もなく、遺族がいることも知らなかった。その後、偶然に助けられ、越知保夫の遺族——悦子夫人と長男保見氏——と出会った。

読者がいなければ、作品は残らない。しかし、読者が現れれば、作品はいつでも蘇ることができる。夫人は、妻であると共に、保夫の前に現れ、彼の全体を「見た」最初の読者ではなかったか。彼女のもとを訪れた際に、私は、阪神・淡路大震災をくぐりぬけた保夫の遺品をいくつか見せていただいたことがある。それらを瓦礫《がれき》の中から救ったのは、妻としての彼女であるよりも、第一の読者としてではなかったか。それらを眼にしたとき私は、真実の読者が一人いれば、作品は伝承されていくことを痛感した。

夫人からは、本書を執筆する際にも、さまざまな質問に応答いただいただけでなく、「どうぞ、ご自由にお書きください」と静かな、しかし、確かな励ましをもらった。この場を借りて、改めてその真摯な助力に深く感謝申し上げたい。彼女もまた、本書の見えざる参画者の一人である。

本書に収録したのは、受賞作ではない。当時の作品は、思い出深いが、調査が行き届かず、伝記的事実の誤記もあり、不十分さが残っている。すべて新たに書き下ろした。

二〇一〇年、越知保夫の著作が新たにまとめられた（『新版 小林秀雄 越知保夫全作品』慶應義塾大学出版会）。本書が担う第一の役割は、読者をこの一巻全集に導くことである。それが一人でも多くの人に、有効であることを願ってやまない。

本書は私の二冊目の著書になる。正確にいえば、私が書き手として「参画」した二番目の著作なのだが、言葉が「本」として読者の前に届けられるまでには、いくつもの隠れた「仕事」を経なくてはならない。書き手、編集者、校閲者、装丁者、印刷者、そして販売者の、どれ一つ欠けても「本」は生まれない。しかし、それは無記名の、いわば紙背に徹して営まれている。彼らの仕事に敬意を表し、私は、ここで個人名を挙げないが、書く者として参加できたことの光栄は書き留めておきたい。

出版元であるトランスビューは、私には「特別」な名前だった。あるとき書棚をみると、意識していなかったが特定の出版社の本が多いのに気が付く。その書肆は何よりも、池田晶子の著作を複数出している出版社だった。私は彼女に届くことを願いながら、本論を書き進めた。池田晶子こそ、もし越知保夫を知れば、その真実の意義を認識し、明示しただろう人物である。越知保夫を論じる著作が、トランスビューから出されることに、ある感慨を覚えずにはいられない。

私の妻は、二〇一〇年二月七日に亡くなった。彼女は、なぜが「越知さん」と呼び、越知保夫をめぐる私との話に、しばしば付き合ってくれた。しかし、彼女はおそらく、越知保夫を読んだことはなかったと思う。文学、ことに批評に格別の関心があったわけでもない。にもかかわらず、彼女が越知保夫に、ある強い親しみを感じていたことは、言葉からも伝わり、当時から不思議に感じられた。

おそらく悲しみを紛らわすために、私は徒《いたずら》な空想をはびこらせているに違いない。今も彼女が越知保夫の庇護《ひご》と教えを受けている、との思いを、私はぬぐい去ることができないでいる。本書を書きながら、しばしば越知保夫の臨在を感じた。そして、越知と共に妻の働きを感じないことはなかった。彼らもまた本書の協同者である。

発せられただけの言葉は未完成である。だが、それがひとたび受け取られ、人間によって生きられた時、それは一つの出来事になる。この小著を今、困難にある人びとに捧げたい。本書が多くの読者の手に届き、そこにある越知保夫の言葉が、永く読者と共に生きることを祈念している。

二〇一一年六月十三日　パドヴァのアントニオの祝日に

若松英輔

増補

遅れてきた遺言

没後二年になる一九六三年、筑摩書房から越知保夫の遺稿集『好色と花』が刊行された。いわゆる商業出版ではない。有志によるカンパで資金がまかなわれた自費出版だった。

当時、越知保夫の存在を知っていた人は多くない。だが、有志のなかには批評家の中村光夫や山本健吉もいた。あと数年でも越知が執筆を続けることができれば、その著作に瞠目《どうもく》した人も少なくなかっただろう。

しかし、遺稿集が世に出ると、状況は一変した。遠藤周作は「砂漠のなかに金鉱を掘りあてた」ようだと驚きを露わにし、島尾敏雄は「最初の凝集があり、（中略）それの持つ充実が私を手放」さない（『私の文学遍歴』）と讃辞を贈った。越知の生前からその仕事に注目していた平野謙は、遺稿集の帯に、次のように書いた。

小林秀雄のドストエフスキー体験から戦後の造形美術体験を精刻に追体験することによって、愛とはなにか、と問いつづけた越知保夫は、美も真も聖も、愛につらぬかれてはじめて完了すると確信したもののようだ。不幸にして越知保夫は中道に斃れたが、一貫した問題追尋の美しさは、ここに歴々として明らかである。

美と真を論じる人はいる。しかし、越知のような熱情を以て、文学における聖性を論じ得た人は、まだ存在していない。

近代日本を代表する批評家になる力量を備えながらも、世間がそれを認める前に逝かねばならなかった越知の生涯を考えると、「中道に斃れた」と書いた平野の指摘もうなずける。

だが、『好色と花』の刊行後、およそ五十年を経て一巻全集(『新版 小林秀雄 越知保夫全作品』慶應義塾大学出版会)が編まれ、読者を獲得しているのを見ると、別種の感慨もある。越知保夫は、彼にしか成し得ない仕事を成し、その一生を終えたようにも感じられる。

代表作の一つ「小林秀雄論」で彼は、小林の秘密を語りながら、自身の心の内奥にある文学への態度を描き出す。

小林は現代人の得意とする心理も心理学も信用しない。所謂人間の心というものと魂とを別に考えている。人間の心はいつも哀れで愚かで弱く不純であり、魂は、その重い外被の下にまどろんでいる。人間はただ自分自身の心とのたえざる闘いを通じてのみ魂に達するのだ、自己を知るのではない、自己と闘うことが問題なのだ、彼は聖書の無私の意味、魂の意味をそう考えている。

（「小林秀雄論」）

心をどこまで深く論じたとしても、人間の根源には到達し得ないと、越知は信じた。魂は、心とは別な位相に存在している。心とはどこまでも個に帰属して、個の特性を表現する。彼にとって魂とは、人間が自己自身に出会うところであり、また、真実の意味で他者とふれ合う場所でもあった。

心は「いつも哀れで愚かで弱く不純」だが、魂はいつも永遠と結びつく。現代の文学は、心の底を探ろうと懸命だが、魂を問題にすることからは遠ざかっているのではあるまいか。

驢馬の仕事

夏目漱石を語った講演で中野重治は、自分の言葉は忘れてもいいが、漱石を読むことを忘却してはならないといった。批評は引用して、沈黙するに極まると小林秀雄はいう。

中野と小林はともに二十世紀日本を代表する批評家だといってよいが、二人にとって批評家の栄誉は、自らが提示する見解にあるのではなく、論じる対象からの委託にあった。その対象が、たとえ死者であったとしても、その者からの信頼を得るところにあった。

ここで中野重治と小林秀雄の名前を出したのは、越知保夫の境涯が、この二人に深く関係するからだ。

彼の母親は、熱心なカトリックの信徒だった。しかし、彼は、青春時代、左翼の活動家になる。プロレタリア芸術運動に参加したというのではない。文字通りの活動家だった。だが、その選びは、政治的な決断ではなかった。「信仰」の結実として、彼はマルクス主義に身を投じたのだった。

この矛盾の選択にこそ、彼が演じた無私の精神が現れている。その後、特高の縛《ばく》に遭い、入獄。そこで、彼の傍らにあったのは転向を強いる詰問《きつもん》だった。同じころ、彼は結核を病む。この宿痾《しゅくあ》は生涯、その肉体を蝕むことになる。

彼は批評で一切、左翼時代を語ることはなかったが、作品からは、中野重治に親しんだ痕跡を強く感じることはできる。活動家としての挫折の後、彼は、中村光夫や吉田健一が活躍した同人誌『批評』に詩を書き始めるが、病のために、継続的な執筆も諦めざるを得なくなる。

その後、短くない沈黙とカトリックへの復帰を経て、一九五四年、彼は「小林秀雄論」と共に、批評家として歴史に登場する。

越知保夫は、著作を世に問うことなく、一九六一年に四十九歳で亡くなった。批評家としての活躍は七年間ほどでしかない。

遠藤周作は没後に越知保夫の存在を知って、その言葉に強く動かされた一人だが、彼の根本問題は、日本人とキリスト教、あるいは日本におけるキリスト教文学の確立といった類ではなかっただろう。それは、先行者の顔を見ず、作家のうしろ姿だけを眺めた、傍観者の呟きに過ぎない。それが救済の問題に直結していなければ、今日まで、彼の文学が読者を持ち続けることはなかっただろう。遠藤周作はそれを小説で実現することを願った。越知保夫は批評で試みたといってよい。

越知の言葉に動かされたのは遠藤ばかりではない。平野謙は、越知保夫と井上良雄——批評家として出発し、のちに二十世紀最大の神学者カール・バルトの翻訳者となる——の二人を、独自の小林秀雄論を書いた孤高の批評家として論じ、遺稿集『好色と花』の帯に言葉を寄せた。作者の代わりに、序文を書いたのは中村光夫だった。生前、発表の場を同人誌に限定していた越知保夫に、一般誌への発表を促したのは山本健吉である。没後は、これらの文学者だけでなく、井上洋治といった宗教者にも影響を与えた。

ベルクソンが哲学者である前に、一個の神秘家《ミスティック》だったことを論じたのは小林秀雄だが、同質の意味において、越知保夫が論じる小林秀雄もまた透徹した神秘家である。また、神秘家を真に論じ得るのは神秘家であるという不文律において、小林も越知も、真理は、言葉によって論じ尽くした彼方にあることを身をもって知った人物だった。

越知保夫は、友人だった山田幸平に、死の二週間前、回復したら中村光夫論とピエタ論を書こうと思うと語ったという。

越知保夫にとっての中村光夫は、論争を好む鋭利な批評家ではなかった。現代は、祈りを喪失した時代であると看破した、稀有な人物に映った。

彼にとって、十字架上で死んだわが子イエスを抱くマリアの姿を刻んだ「ピエタ像」は、キリストの死と復活、そして聖霊の誕生を表現した神秘の象徴だったに違いない。

批評は、単独者の営みではありえない。歴史とその対象から、無言の助力がなければ、思いは一切言葉にならない。批評家の喜びは、論じる対象が、胸襟《きょうきん》を開いて語り始める現場に居合わせることである。越知保夫が、遺言のように言い残した未完の作品を、完成させることができたとき、初めて、この批評家の真実の姿に出会うことになるのだろう。

批評とその対象との関係を見事に言い表した言葉をあるインドの神秘家の言葉に見つけた。自分を崇める人がいる、と神秘家がいった。人々の愛を受け取るが、自分はその崇敬を受け取らない。受け取ることができない、というのである。

この神秘家はキリスト者だった。受難のとき驢馬にまたがってエルサレムに入城した。彼を信奉する人たちは、自らの衣服で道を覆い、深い敬意を表した。捧げられた衣服の道を物理的に踏むのはイエスではなく、驢馬である。だからといって、驢馬が、それを自らへの崇拝の表れだと思えば、愚かに過ぎるだろう。自分は、イエスを乗せた驢馬である、と神秘家はいう。

この本のなかにもしも、何か見るべき言葉があれば、それはすべて、越知保夫のはたらきに帰さねばならない。批評家である私は、越知保夫という孤高の書き手を乗せた驢馬なのである。

悲しみの神学——近代日本カトリック感情史序説

聖心女子大学には初めて参りましたが、私にとってはとても大切な場所です。女子大学ですから、見学に来るというわけにもいかず、こうして参ることができ、大変感慨深いものがあります。

まず、母の母校であるということ、敬愛する人たち——須賀敦子、緒方貞子、シスター渡辺和子、そして上皇后さま——の母校であることです。

そして私は、この大学に育まれた母の胎内でキリスト教に出会っている。そうしたこともあって、自らの霊性の母胎であるとも感じています。

さて、この学校を支えているのはカトリックの霊性です。ですから、そもそもカトリックとは何かを考えてみることから始めてみたいと思います。

カトリックとは何か

この問題を深めていこうとするとき、私の灯明になってくれているのがガブリエル・マルセル（一八八九～一九七三）の言葉です。フランスの哲学者で、サルトル（一九〇五～一九八〇）と同時代に活躍した人物です。

われわれカトリックは、と言うとき私たちは「普遍《カトリック》」の埒外《らちがい》にある。

（『道程』筆者訳）

カトリックは「普遍」という意味です。すべての者を包み込むものといえるかもしれません。

包み込むのと強引に引き込むのは違います。包み込むとは、異なる信仰の人にもつねに門を開いているともいえるかもしれません。しかし、「われわれカトリックは」と言った時点ですでに、私たちは異なる霊性を生きている人々を峻別しているのではないか、とマルセルはいうのです。

イエスはさまざまな人に呼びかけました。神殿にいて、人々が集うのを待つのではなく、彼の方から出向いていった。イエスが語りかけた多くは、市井の人たちです。そうした言葉が四つの福音書となって今日まで伝わっている。イエスは誰にでも開かれていた。この事実はキリスト教の現場であるのは何度思い出してもよいことのように思われます。

石牟礼道子とキリシタン

本日の講演の副題につけました「感情史」という言葉は、あまりなじみがないかもしれません。アンリ・ブレモン（一八六五〜一九三三）というフランス・カトリック界に大きな影響力をもった司祭であり、哲学者でもあった人物が『フランス宗教感情史』という大著を書いています。そこから着想を得ました。

理性的な記録だけが歴史ではありません。感情でなくては読み解くことができない歴史もある。さらにいえば感情に導かれて歴史にふれることで文字としては記されていない出来事を感じることができます。私たちが学校で習うのは「正史」、正しい歴史です。これから皆さんと考えてみたいのは正しい歴史ではなく、感情で読み解くうごめく歴史なのです。宗教だけではありません。哲学や文学や芸術の世界ではいっそう感情は重要な働きを担っています。

ここでいう感情は、怒りにまかせて感情的になる、というときのような消極的な意味ではありません。そうした意味の「感情」は激情と呼ぶことにしたいと思います。「感く」と書いて「うごく」、「情」は「こころ」と読みます。今日の講演における「感情」は、さまざまなものにふれ、こころが動くありようをさす言葉として用いることにします。よろこび、悲しみ、痛み、嘆き、讃嘆、讃美、あるいは感動もそこに含まれます。

近代日本のキリスト教を感情史としてとらえる端緒として、作家の石牟礼道子（一九二七〜二〇一八）の文章から始めてみたいと思います。彼女はキリスト者ではありません。しかし、キリスト者以上に日本におけるキリスト教とは何かを考えた人物だともいえます。次に引くのは、島原の乱をめぐって書いた小説『アニマの鳥』の「あとがき」の一節です。

原城の霊たちの力を借りて出生させた人物たちには愛惜ただならぬものがあり、

今もってわが日常に出没してものを言いあっている。願わくばこの中の一人なりと、アニマの鳥のごとく、あたたかい胸毛をもって読者諸氏のふところに憩わんことを。

自分にとって作品中に出てきた者たちは、架空の存在ではなく、彼方の世界に実在する。そればかりか、そうした彼、彼女らが語る声ならぬ声は、今もなまなましく経験される、というのです。

島原の乱は単なる農民一揆ではなく、特殊な形式の異議申し立て、あるいは訴訟行為だったというのが、今日の歴史の定説です。それは民衆による命がけの行為でした。彼らが立ちあがったのは自分たちの信仰の自由を求めて、という理由だったのではありません。もっとも重要だったのは先祖たち、自らの愛する家族の魂の平安を願うことを禁じられたことだったのです。

キリスト教への禁教令下では、葬儀、墓所なども仏式で行うことを強制されます。しかし、一揆に参加した人々は、キリスト教の典礼に則った儀礼でなくては、死者の平安は約束されないと信じた。仏式を強制されたままでは、煉獄にいる死者たちを救い出すことはできない、ということが民衆一揆の大変重要な動機だったのです。

作家の遠藤周作（一九二三〜一九九六）の代表作に『沈黙』という小説があります。この作品はちょうど島原の乱が終わった頃から始まります。この作品が名実ともに世界文学と呼ぶにふさわしいものであることは改めていうまでもありませんが、この作品からだけでは近代日本のキリスト教の歴史が語り得ないというのも、日本におけるキリスト教のありかたを象徴しているように感じられます。この国のキリスト教は、キリスト者以外の人たちによっても育まれてきたのです。

舟越保武と「原の城」

島原の乱に注目した人物に彫刻家の舟越保武《ふなこしやすたけ》（一九一二〜二〇〇二）がいます。彼も敬虔なカトリックでしたが、同時に近代日本カトリック史に、ある空白を感じていた人物でした。彼の代表作に「原の城《じょう》」と題する彫刻があります。鎧を着た兵士の二メーターほどのとっても優れた、また印象的な作品です。この彫刻を作ったあと彼は、「原の城」という同名のエッセイを書いています。「私が立っている地の底から、三万七千人のキリシタン、武士と農民の絶望的な鬨《とき》の声が、聞こえて来るような気がした」と書き、こう続けています。

今は段々畠になっていて、その間にある僅かな石垣だけが当時のままのものであろう。その石の一つ一つが、あの忌まわしい戦いの武具の音と叫喚の声を聞き、夥しい血の流れを見ていたのだろうと思うと、今のこの静けさは果たして何なのか、と私は不思議な気がしてならなかった。

人間が大きな怖ろしい事件のあとで放心したようになるのと同じで、この異様な静寂は天草の乱のあとの放心状態がこの丘にまだ続いているためではないか、とさえ思われた。

私はこの丘の本丸趾に続く道に立って、この上の台地の端に討ち死にしたキリシタン武士がよろよろと立ち上がる姿を心に描いた。雨あがりの月の夜に、青白い光を浴びて亡霊のように立ち上がる姿を描いてみた。

原の城に行ってから三年ほどして、これに因んだ彫刻を二度作った。あの段々畠の土の中から掘り出した、という気持ちで《原の城》と名づけた。二つとも兜《かぶと》をかぶった武士の、やつれた首にした。

ここで舟越は遠慮がちに書いていますが、このとき、彼は肉眼とは異なる眼で、過去にこの場所で何が起こったのかを「視た」というのです。何か不思議なことのように感じられるかもしれませんが、語られざる歴史とつながる、この感性こそ舟越の作品の秘密なのです。彼は空想を働かせているのではありません。彼はもっとも高次な意味で、詩人のウィリアム・ブレイクが、彼方の世界にふれるときに用いた意味で、江戸初期の出来事を「想像」したのです。それは心の眼で「視る」ことにほかなりません。その先には、彼の心眼のはたらきを裏打ちするような言葉が書き継がれています。

このあいだの夏にはこの全身像を作った。十年も頭の中で練っていたものだから、一気に作り上げた。これも《原の城》とした。副題は「切支丹武士の最期」としてある。私はこの作品が気に入っている。背面に「寛永十五年如月二十八日原の城本丸にて歿」と字を彫った。

空想しただけでは「寛永十五年如月二十八日原の城本丸にて歿」と像に刻むことはできません。これは文字通りの意味で鎮魂の像です。それは彫刻のかたちをした墓所だといってもよい。舟越はそれを作ることを、この無名の人々に託されたのです。それは特定の個人ではなく、あの場所で亡くなった多くの老若男女だったろうと思われるのです。さらに舟越はこう続けます。

永い間、私の頭の中に育っていたものがやっと出来上がったので安心したためか、この頃は原の城の幻影が私を悩ますことはなくなった。

この像を作るまで、幾たびも原の城で戦った武士が夢に出てきた。しかし、像を作るとその幻影に悩まされることはなくなった、というのでしょう。ここで「幻影」と語られているのは死者、「生きている死者」のことです。

現代のカトリック教会は、島原の乱にもそこに連なった人々にも、十分な関心と哀悼の念を抱いているとは言えません。ここには現在と今の時間的断絶だけでなく、生者と死者という実存的断絶もあるのです。舟越は、時間・空間の両面にわたって、それを架橋し、さらには和解させようとしたのです。

舟越にとって作品を生み出すことは、美的表現であるだけでなく、彼方の世界に向けての鎮魂の礼でもあったことがよく分かります。神学も文学も哲学も見過ごしているような出来事や問題を、舟越保武のような彫刻家や石牟礼道子のようなキリスト者ではない小説家が拾い上げてくれているという事実も、現代のキリスト教のありかたを考える上で見過ごしてはならないことのように思われます。

近代の姿は未だ、現代に生きる私たちに隠れている。さらにいえば、私たちは自らの現在がどのように生まれたのかをほとんど知らないとすらいえるのではないでしょうか。

内村鑑三と死者

石牟礼道子が内村鑑三の読者だったことは、あまり知られていないかもしれません。彼女は「言葉の種子」というエッセイで、若き日の内村鑑三の文章に魅せられた経験を書いています。

「古代の英雄というものは、ひょっとしてこういう人柄ではなかったかと思わせるような、稚純性に貫かれたすぐなる文章にひきつけられて、ここふた月ばかり、内村鑑三を読んでいる」、と石牟礼は書いています。「稚純性」とは、純真なだけでなく、どこか童心を宿している様子を意味する表現なのでしょう。内村の本質をじつによく捉えた一節です。石牟礼道子という人も「稚純性」が豊かな方でした。先の一節のあとに、彼女はこう続けています。

はじめ平明な世界かと油断していたが、ただの平明さではない。人間にたいする至誠の迫力に息をのみ、その言説のたかまりに巻きこまれて目の奥がくらくらする始末だったが、足尾鉱毒地の巡遊記のところに来て、わたしは思わず吹き出してしまった。そしてにわかにせきあえる涙をしばらくとどめることができなかった。

（『葛のしとね』）

「思わず吹き出してしまった」というのは、内村が芝居は舞台からありもしないことを、嘘を言うからけしからんというような発言をしたのを読んで、あまりに厳格で少し滑稽にも思えたということなのです。「芝居は虚偽を演ずる所なり、勇者ならざる者が勇者の真似を為す所なり、偽善者が真善を装ふ所なり」(「鉱毒地巡遊記」『内村鑑三信仰著作全集第21』)と内村は書いています。

しかし、その一方で、足尾銅山鉱毒事件の被害者に思いを寄せる彼の姿にふれ、その憐憫《れんびん》の深さに涙を禁じ得なかったとも述べていました。『苦海浄土　わが水俣病』の作者である石牟礼道子が、日本近代最初期の公害である足尾銅山鉱毒事件をめぐる内村の態度に強く胸打たれているという事実は見過ごしてはならないと思います。

足尾銅山というと田中正造の名前が思い浮かびますが、石牟礼は田中からも強く影響を受けています。内村と田中は、鉱毒事件をめぐって、幾度も会い、言葉をかわしています。三人はともに洗礼を受けていませんが、近代日本キリスト教史において、見過ごすことのできない役割を担っています。

石牟礼とキリシタンの関係は先に見ました。田中は、最後まで聖書を手放しませんでした。内村は無教会という運動を率いました。

無教会の運動は、単に教会を否定したのではありません。ここでの教会はnon-churchを意味するだけではなくbeyond church（教会を超えて）という展望を持っていました。無教会という視座からは、カトリック、プロテスタント、さらにはロシア正教などの東方教会を含めた「教会」を基点にしたものとは異なるものが見えてきます。それは個々の人間と神との直接的な、そして太いつながりにほかなりません。

内村はある講演で、自分の言説を聞いて、それはカトリックの教義だという人がいたら、自分はそれでもかまわない、と述べています。それは死者をめぐる問題においてのことでした。

一九一二年に彼は愛娘ルツ子を喪います。その年に札幌で行った講演で彼は、これまでになく熱く、亡き者の臨在をめぐってこう語りました。

私は死者の存在を信ずる者であります、こんな仕事をする時に、私共と心を同じうし世を去りて天にある人が助けて呉れると云ふ事を信じます。そんな事を云ふのはプロテスタントではない、天主教〔カトリック〕だと云ふならば、私は天主教で良いのであります。

私はクラーク先生に助すけて下さる様にいのりました、シリー先生に今度は私を助けて下さる様にと祈りました、此の人、あの人、私の死んだ娘にまでも御前のお父さんを助けて呉れといのりました、キリストが助けて下さつたのみならず、私の愛する人々、私の娘までも慥《たしか》に私を助けて呉れたと思ひます。

（『内村先生講演集』）

「クラーク先生」は、「青年よ、大志を抱け」といったと伝えられる人物です。「シリー先生」は一八八四年から八八年まで内村がアメリカに渡り、アマースト大学で学んだときの学長で、彼の信仰上の師です。

ここでの「死者」とは単に亡くなった人のことではなく、姿は見えず、声は聞こえないがその存在をまざまざと感じる「生きている死者」です。生者の横に臨在し続ける不可視な隣人です。

プロテスタントは死者を語るのを好まない。死者を語ることでプロテスタントではない、と言われるのであれば、甘んじてその批判を受ける。このことでカトリックだと言われるのなら、それでもかまわないというのです。

これは無教会を主張した内村鑑三の発言としては驚くべきものです。彼は無教会ですけれども、もし教会に入らなくてはならないとしたらカトリックになるというのです。ただし、そのカトリック教会は、死者と共にあるカトリックです。

東日本大震災では、二万人以上の方が亡くなる、あるいは行方不明になっています。その何倍もの遺族がいます。死者、そして死者と共にある生者は、無視できない問題です。しかし、このことに宗教は、十分に応えてきたでしょうか。多くの宗教は震災後、死者をめぐる現状に沈黙したように思います。

ここでの「宗教」は、個々の宗教者ではありません。私は被災地に単身向かった優れた宗教者に複数会うことができました。ここでいうのは、社会的な組織としての宗教です。

先に石牟礼道子の言葉にふれましたが、宗教は水俣病事件のときも沈黙しました。この事実にふれ彼女は、水俣病事件を境に、既存の宗教は滅んだと思った、とさえ語っています。

水俣病事件から東日本大震災まではおよそ半世紀の時間が流れています。しかし、宗教の、あるいは哲学、文学の現実との向き合い方には根本的な変化はなかったのかもしれません。

一九六九年に石牟礼道子は『苦海浄土』を発表します。この作品は二十世紀日本を代表する文学ですが、これを書いたとき彼女はいわゆる作家ではありませんでした。文学を愛する無名の女性です。ある意味では、時代が石牟礼を作家にした。なぜなら、ほかの多くの文学者は水俣病事件を前にして、十分な声を発することはできなかったからです。

この作品で彼女が問いかけたのは、私たちは言葉を奪われた者、語らざる者たちとどう向き合うのかということでした。同じことは東日本大震災においてもいえるのです。

死者とは何かを考える。それは死者という概念をめぐって討議することではありません。それぞれが「わたしの死者」そして「わたしたちの死者」を個々の出来事において探究することにほかなりません。同じ死者は存在しない。同じ悲しみ、同じ嘆きも存在しないのです。それは平均化、平板化されることを拒むものです。

こうした現代社会の状況を踏まえつつ、内村の言葉を読むと、死者をめぐる問題は時代と共に過ぎ行くような性質のものではないことがはっきりと分かります。さらにいえば、私たちは悲しみを通じることで、時空を超えて内村の精神とつながることすらできるように感じられます。

内村は若いときから近しい人を亡くしています。妻を亡くし、子どもを、師を亡くし、そうして自分の近しい人が亡くなっていくたびに、彼は自分を支える力が大きくなっていくことに気が付いていった。そうした経験を彼は「死の権威」と題する文章で次のように書いています。

研究は後廻しとして、実際の所、死者は生者よりも勢力があるではありませんか。私供は今日死者追悼の為に集りたりと云ひて、悼み悲み憐む者は私供生者であつて、悼まれ悲まれる者は死者である乎のやうに思ひますが、然し事実は果してさうでありませう乎。（中略）実《まこと》に私供が彼等を悼むのではありません。彼等が私供を悼むのであります。彼等は死して其権威の位に即いたのでありまして、私供は生きて其命令に従ふのであります。

「研究は後廻しとして」と内村はいいます。ここで述べられていることは神学上の事実ではない。自らの魂における経験にほかならないと断言する。

かつては生者が死者を憐れむように感じていた。しかし、死者を身近に感じてみると実感はまったく異なっていて、死者によって生者が慰められ、力づけられている。それが内村鑑三の日常だったのです。

「悼む」は「慟む」とも書きます。慟哭という表現があるように、「いたむ」とは、単に悲しむのではなく、傍からは人間の声ではないような声で「哭く」ことも意味していました。生者が死者を思い、悲しむ。しかし、現実には、死者はいっそうの深い憐憫をもって、生者のかたわらに寄り添っている。彼はそう考えたのではありません。彼はそう生きてきたのです。

先にふれた、「シリー先生」、J・H・シーリーも妻に先立たれた経験を持っていました。そのことを踏まえつつ、ある日、彼が内村に自らの感じている来世のありようをこう語ったというのです。

「内村君よ、あれは私の妻であります。彼女は二年前に私どもを逝《さ》りまして、今は天国にありて私どもを待っております」と。

言い終わって先生の温顔《おんがん》を仰ぎ見ますれば、眼鏡の中なる先生の大なる眼球はいっぱいに涙をもってひたされたのを見ました。私はじつにその時ほど明白に来

> 世の実在を証明されたことはありません。先生の大知識をもってして、かくもありありと、墓のかなたにうるわしき国のあるのを認められしのを見まして、私は自己《おのれ》の小なる頭脳《あたま》をもって、たびたびその存在について疑いをいだいたことを深く心に恥じました。
>
> （『キリスト教問答』）

師は信仰とは何かを語ったのではなく、体現してくれた。その姿によって表現されたものは、「頭脳」ではなく、心よりも深いところに響き、その「音」は今も消えることがない、というのです。

ここで語られているのは来世の有無、あるいは死とそのあとのことです。シーリーはそのことをめぐって内村を納得させようとしているのではない。ただ、自分はこう生きてくるしかなかったという現実を語っているのです。

はっきり語ろうとすればするほど、実は確かなものから遠ざかるのかもしれない。死者とはこういうものである、と断言したときに、私たちは死者を見失い、自ら死者たちから遠ざかるのかもしれない。死者はいる。だが、どう存在するのかは語れない。そう感じるとき、死者の傍ら近くにいるのかもしれないのです。

岩下壮一とうめきの神学

明治、大正期の動きは日本のキリスト教史を考える上でも大変重要です。今日は詳論できませんが、カトリック、プロテスタント、無教会においてじつに豊かな精神が人の姿をして現れました。植村正久、高倉徳太郎、内村の門下にも藤井武、矢内原忠雄、三谷隆正といった人物が集います。

今日は、カトリックにゆかりの深い場所です。近代日本のカトリシズムにおいて重要な役割をになった人物の言葉をいくつかご紹介したいと思います。

まず、言及したいのは岩下壮一（一八八九〜一九四〇）です。この人物の存在意義はもう一度考えられてよいと思います。彼がいなければ今日のようなカトリックの霊性はなかったのではないでしょうか。

ある時期、岩下は内村鑑三の高弟塚本虎二と大変激しい論争をする。それは苛烈と呼ぶにふさわしいものでした。ある人はここに岩下の攻撃を見ますが、当事者同士にはまったく違った実感があった。

当時は論争の美徳が生きていた。真剣に言葉を交わすに値する人物だからこそ論争もいとわない。互いがそこに全身全霊をかけて行う。そうでない相手は歯牙にもかけない。それはキリスト教の伝統でもあります。ここには外から眺めているだけの部外者が口をはさむ余地はありません。

格闘家はリングの上では真剣に相手と戦う。しかし、そこには相手への容易には計れない敬意もある。それときわめて近しい何かが岩下と無教会との論争にはある。

彼は当時の東京帝国大学を首席で卒業するような文字通りの秀才です。彼は哲学教師になることを託されて国費でヨーロッパに留学します。しかし、帰ってきたら、彼は宗教者になっていました。岩下のヨーロッパでの回心が近代日本のカトリック哲学の曙でもありました。岩下は司祭であり、独創的な思想家であっただけではありません。彼は静岡の御殿場にある神山復生《こうやまふくせい》病院というハンセン病患者の療養施設の院長を十年務めました。

当時のハンセン病をめぐる状況は、今日とはまったく違います。今日の日本ではハンセン病は完治するのはもちろんのこと、発病すること自体がほとんどなくなりました。感染の心配もありません。

しかし、岩下の時代は国によって隔離政策がとられていました。そこにはいわれなき偏見と差別があります。また治療薬が開発されていませんので、多くの人が大変大きな精神的、身体的苦しみを背負わなくてはなりませんでした。

こうした道を彼は誰かに強いられたのではありません。自身で望んでいたのです。神父になると父親に打ち明けたとき、父は息子に神父になるならいつかハンセン病を生きる人々に寄り添うような場所で生きて欲しいと伝えます。岩下は、そのことを忘れたことはなかった。そして事実、彼はそうした生涯を送ります。

父・清周《きよちか》は大変な実業家でした。岩下はその資産を受け継いで在野の事業家になることもできました。しかし、神父になる。彼は父親から受け継いだ莫大な遺産をカトリックの啓蒙に関する事業に注ぎ込みます。出版、教育などの分野で彼が始めた営みは今も続いています。

神山復生病院は、今も療養施設としての活動を続けています。もう岩下を直接知る人はいません。しかし、今も彼の存在を深い親しみを込めて語る人は少なくありません。岩下はこの病院でふれあったハンセン病の人たちをめぐって、こんなことを書いています。

しとしとと降る雨の音のたえまに、わたしはかれらの呻吟《しんぎん》をさえ聞きとることができる。ここへきた最初の数年間は、「哲学することが何の役にたとう」と反復自問しないわけにはいかなかった。しかしいまやわたくしはこの呻吟こそは最も深い哲学を要求するさけびだということを知るにいたったのである。

（『岩下壮一全集』第九巻）

この一節は、岩下が訳したジャック・マリタンというフランスの哲学者の『近代思想の先駆者』という著作の序文に記されています。ここで岩下は、声にならないはずの「呻吟」こそ、哲学を希求する「さけび」であると書いています。かつて彼は、自己に宿った問いを基盤に思索をしていた。しかし、試練を生きる人たちと暮らすなかで彼は、この呻吟するほかない人々とともに哲学の道を、新たに歩き始めたというのです。

岩下壮一によって紡がれたのは、単に考えられた哲学ではありません。全身全霊で思惟された「生きる哲学」です。そこには文字では書き記し得ない叡知が潜んでいる。彼は、読者にも無音の声を聞く耳を開き、この文字にならないコトバを読んで欲しいと訴えているように感じられます。

岩下壮一は、稀代の哲学者ですが、同時に司祭でもある。彼がイエスをどう考えていたかは、その根本問題だといってよいと思います。彼は、自身のイエス観を「キリストを見直す」と題する一文で次のように述べています。

実際キリストの神秘は、啻《ただ》に彼が神であるということには存せず、神にして同時に人たる点に存する。この前代未聞の奇蹟によって、キリストの面に神の栄光が輝いたばかりでなく、神御自らが真の人間となり給うたのである。キリスト教の根本信条は人間の羽化登仙《うかとうせん》ではなくて、神の御言《みことば》の御托身である。

（『信仰の遺産』）

キリスト教とは何かを定義するということになると、ほとんど無尽といっていいような文言が出てくることが想定されます。しかし、そこにはイエスは人であり、神であることを説く宗教である、という表現は必ず入るのではないでしょうか。

イエスが、真の意味におけるキリストであるということはそのまま、イエスが神であるということになる。なぜなら、世を救うことができるのは神だけだからです。

さらに岩下は、イエスとは、神の言葉が人間の姿となって顕れたのだといいます。

ただ、ここでの「言葉」は言語ではありません。言語の淵源にある意味そのもの、哲学者の井筒俊彦が「コトバ」と呼んだ、万物をあらしめている「ちから」です。岩下は、キリスト教とは「言葉／コトバ」の宗教だと考えている。「キリストを信じうるか」では、「言葉／コトバ」とイエスの関係をさらにこう記しています。

言《ことば》の肉となれるは、肉をして言の何たるかを悟らしめんが為であった。キリスト者は常に、人たるイエズスによって神たるキリストを信じたのである。

（『信仰の遺産』）

ここでの「言」は、神のおもい、神の御心《みこころ》と言い換えてもよいかもしれません。神の内なる思いが人間の姿をとって顕現したのがイエスである、と岩下はいうのです。「言」は、単に理性や知性にのみ訴えるものではありません。むしろ、それはこれまで見てきた感情に、私たちが苦しみ、悲しみ、そして真に喜びにあふれるときに強く実感されるのではないでしょうか。

吉満義彦と「実在するもの」

一九四〇年に岩下は急逝します。神山復生病院院長を退き、これから著述に専念しようとしていた矢先のことでした。岩下亡きあと、カトリックの思想界を背負って立ったのが吉満義彦（一九〇四～一九四五）でした。彼は哲学者であり、岩下壮一の文字通りの弟子です。吉満は、文学的な素養にもめぐまれていて、堀辰雄、小林秀雄、大江健三郎の先生の渡辺一夫といった人たちと交流を深め、彼のもとからは遠藤周作をはじめとして幾人もの文学者が育っていきました。

吉満義彦は一九四五年十月、四十一歳になったばかりのときに亡くなりました。吉満に学んだ批評家加藤周一は、彼を「詩人哲学者」と呼んでいますが、まさにその通りの人物でした。「哲学者の神」と題する一文で彼は、哲学者、神学者と文学者のかかわりを次のような鮮烈な言葉で示しています。

> 「神は死んだ」と言うことは「人間は死んだ」と言うのと別のことを意味しない。
> 神をもたぬ人間は幽霊のごとく影がないということを最も深刻に描いて見せたの

が他ならぬドストエフスキーの五大ロマンであったのだ。哲学者などは問題を逃げてばかりいた。それ故《ゆえ》近代では文学者が神学者の代わりをつとめねばならなかったということにもなろう。

哲学者が果たすべき役割を文学者が果たす、あるいは、宗教者が発しなくてはならない言葉を文学者が書く、それが近代という時代のさけがたい宿命だった。文学者にじつに大きな使命が託された。その典型的な人物がドストエフスキーである、というのです。彼にとってドストエフスキーは、文学者であるとともに、時代の宿命を背負った神学者でもあった。この人物の出現によって、神学は文学と分かちがたく結びつくようになった、というのでしょう。

これがどれほど卓見であったかは、二十世紀に活躍したカトリック文学者の仕事を眺めれば瞭然《りょうぜん》とします。フランソワ・モーリアックやジョルジュ・ベルナノスはもちろん、遠藤周作の仕事にも論じられるべき神学的問いが横たわっています。

こうした人物ですから、大変詩情豊かな教会観を持っていました。教会とは、さまざまな人間が集う場所ですが、そこをつなぐのは信仰であるよりも苦悩であり涙であると吉満はいうのです。
次の文章にある「所詮」は、つまる所は、というほどの意味です。

> 教会は所詮世紀を貫いて十字架をになってキリストに従うものである。教会は自らの人間的躓きを通じまた自らの信仰の同胞の分裂の苦悩を通じて、結局涙の祈りと愛の苦悩を献げつつ贖い出さるる神の約束の実現さるる主体である。
>
> （「カトリシズムの理解のために」）

涙の霊性、悲しみの霊性が吉満義彦の全身を貫いている。ただ、ここでの涙は単に頬を伝うものではありません。悲しみがきわまるとき、涙は涸れます。吉満がいう涙には目に見えない、心を流れる不可視な涙も含まれている。その涙は同時に亡き者たちの涙でもあると思います。

信濃町に岩下壮一が私費を投じて建てた、真生会館というカトリックに関心のある学生たちがつどう学生寮があります。その初代の舎監が吉満義彦で、ある時期ここで遠藤周作が暮らしていたことがあります。この場所で遠藤が吉満に出会うことがなければ彼は作家になることはなかったかもしれません。

真生会館が建てられるきっかけになったのは、吉満の妻輝子の死でした。岩下は妻を喪った吉満に、学生たちの面倒をみるという仕事を託すのです。哲学的思索とは異なる、こうした仕事に従事させることで妻の死から立ち上がる時期の到来を待とうとしたのだと思います。

吉満の妻が亡くなるのは結婚からおよそ三カ月後のことです。妻がほどなく亡くなることは結婚するときには分かっていた。それでもなお、彼はこの女性と結ばれたいと願った。哲学者として吉満が活躍するのは妻の死後です。それは死者となった輝子に支えられているようですらありました。

先に岩下と内村の関係を見ましたが、吉満も一時期内村に学んだことがあります。内村も吉満を評価していた。しかし吉満は、内村の周囲にいる人々とうまくいかず、離れていくことになり、そのときに出会ったのが岩下壮一だったのです。

輝子が亡くなった年に書かれた吉満の「「実在するもの」――聖母被昇天前夜の感想」と題する一文があります。短い文章ですが吉満の生涯とその霊性を考えるとき、けっして見過ごすことのできない一文です。そこで彼が語ったのは、自身と死者との関係でした。

私は自ら親しき者を失って、この者が永久に消去されたとはいかにしても考え得られなかった。否な、その者ひとたび見えざる世界にうつされて以来、私には見えざる世界の実在がいよいよ具体的に確証されたごとく感ずる。最も抽象的観念的に思われたであろうものが最も具体的に最も実在的に思われてきた。見えざる実在の秩序を信ずることとその存在を具体的に感ずることとは自ら別である。私は親しき者を失いし多くの人々とともに、失われしものによって最も多くを与えられる所以を今感謝の念をもって告白し、このまとまらぬ感想をとどめたいと思う。

愛する者は死に、肉体は無くなった。しかし、その存在が消滅したとはどうしても思えないというのです。

カトリックの教義は死者を認めますから、ここで語られているのは信仰上の事実でもあるのですが、それをはるかに上回る強度で彼は自らの実感を言葉にしています。

「見えざる実在の秩序を信ずることとその存在を具体的に感ずることとは自ら別である」、その通りで信じてはいるが感じられないことがある、しかし、吉満にとって死者は信じられ、そして感じられる不可視な他者、不可視な隣人だったのです。

死者と生きるということも彼には比喩ではありませんでした。「死者を最もよく葬る道は死者の霊を生けるこの自らの胸に抱くことである」（「文学とロゴス」）とも吉満は書いています。

彼にとっての見えざる同伴者は死者だけではありませんでした。彼は死者にまさるとも劣らない実在感をもって天使を語ります。さらにいえば彼にとって死者は天使的存在だったといった方がよいのかもしれません。

また、「天使を黙想したことのない人は形而上学者とは言えない」（「理性と道徳の将来に関する断章」）と書いているように天使とは何かを考え、それを実感することは哲学者に託された重要な責務であるとすら考えていました。

黙想する、と吉満がいうのはひとり目を瞑って心を落ち着かせるというだけではありません。心に彼方の世界をありありと感じること、さらにいえば、世界の根源に照らしだされること、それが彼の考えた黙想です。ギリシアの哲学者が「観照」（contemplation）と呼んだものにほかなりません。

吉満が大変敬愛し、今日もなおカトリック教会に影響を与えつづけている、ジョン・ヘンリー・ニューマン（一八〇一〜一八九〇）という枢機卿まで務めた人物がいます。彼が天使をめぐってこう語っています。

天使は我等の間にある Angels are among us　之を看過して一切を自然法則を以てかんとするは罪である

（『実在するもの』J・H・ニューマン、吉満義彦訳）

天使はたしかに私たちのそばにいる。そのことを無視して、科学的、合理的視座からだけ世界を見ることは「罪」、すなわち大いなる誤りだというのです。

現代のカトリシズムは、かつてのように死者を語らなくなりました。天使の存在をなまなましい現実感をもって語る人もまた少ないのも、理由を同じくするのではないでしょうか。

死者は、私たちの知性や理性では捉えにくい。そのためには感性を、さらには霊性を開いていかなくてはならない。天使も同じなのではないでしょうか。

それは「畏れ」の心情が失われつつあることとも関係があるのかもしれません。現代人は「恐れ」と「畏れ」を感じ分けにくくなっています。「畏れ」も私たちにある種の戦慄を惹き起こす。しかし、それは私たちと世界を分断するような出来事ではありません。むしろ、それまでの関係が表層的だったことを告げ知らせる経験になるのです。「すべての天使は怖《おそ》ろしい」と詩人リルケが『ドゥイノの悲歌』（手塚富雄訳）で書いているように、天使もまた、「畏れ」という心情を湧き立たせる。しかし、それは、どこまでも聖なるものへの畏れなのです。

越知保夫における「信仰」

カトリック文学と呼ぶべきものが、日本にあるとすると、小説家では遠藤周作、須賀敦子、あるいは高橋たか子、小川国夫、島尾敏雄、安岡章太郎、大原富枝、加賀乙彦、木崎さと子といった名前がすぐに浮かぶのではないでしょうか。

劇作家では田中千禾夫《ちかお》、田中澄江、矢代静一、詩人では吉満に影響を受けた野村英夫がいます。そして批評家としては越知保夫という大変優れた人物がいます。

しかし、越知保夫という批評家の存在はあまり知られていないかもしれません。彼の師は先にもふれた吉満義彦です。遠藤周作とは兄弟弟子ということになります。さらにいえば遠藤は当初、批評家として書き手の道を歩こうとしてましたから文学的にも先駆者だったといえる。

越知保夫は生前、訳書を出しましたが、自著を出さなかった。関西を中心に行われていた『くろおぺす』という同人誌に寄稿していました。

彼が亡くなって、有志が『好色と花』と題する遺稿集を出版します。そうすると、この本を読んだ人が、次々と驚きの声を上げたのです。そのなかに島尾敏雄がいました。遠藤周作、井上洋治がいます。没後五十年以上を経た今でも彼の作品集は読まれています（『新版 小林秀雄 越知保夫全作品』慶應義塾大学出版会）。近代日本のカトリック文学の歴史で彼を凌駕する批評家はまだ出ていません。おそらくこれからも容易には出ない、そういう本質的な仕事をした人でした。

彼をめぐってはお話ししたいこともたくさんあるのですが、今回は彼が残してくれた言葉から「信じる」とは何かという問題を考えてみたいと思います。

冒頭にガブリエル・マルセルの言葉にふれました。この哲学者が来日したとき、越知はほとんど随伴するように彼が行った講演を聞き、「ガブリエル・マルセルの講演」という一文にまとめています。そこで彼は「信じる」という営みをめぐって、次のように書いています。

マルセルにとっては、信仰とは、その人の中にあって、他人の容喙《ようかい》しえないもの、他人がそれについて論議し是非する権利をもたないもの、一切の vérification（点検）をこえたものであった。

信仰はその姿を他者の眼、あるいは自己の眼からも「点検」することのできないものだったというのです。vérification は、越知が書いているように「点検」でもよいですが「検証」とした方がよいかもしれません。

私たちは、物証、あるいは証言を集めて、ある出来事が事実であることを「検証」しようとします。しかし、信仰は、そうした行為の彼方にある。信仰の真偽は、人間のいかなる行為によっても証明できない。それを判断するのは、人間ではなく、神であり、それを判断し得るのも神にほかならない、というのです。先の一文に越知はこう続けます。

ところで vérifiable〔検証可能〕であるということ、言いかえれば「なぜ」とか「いかに」とか問うことができ、又答えることができるということがそれが実在するということではない。

この一節は、先の吉満が書いていた「見えざる実在の秩序を信ずることとその存在を具体的に感ずることとは自ら別である」という言葉とも強く呼応しています。吉満は、死者の実在をありありと感じる。しかし、それを他者に信じさせることはできないというのです。信仰とは、検証を超えた実感である、といえるかもしれません。

世にある事象の多くは、その存在は証明できる。しかし、実在と呼ぶべきものはそうした証明の埒外にある。信仰は存在ではなく、実在である。別のいい方をすれば、信仰は、論証できない実在と呼ぶほかないものだというのです。

Invérifiable〔検証不可能〕なもの、点検しえないものの実在性、いわば超越性の実在性ということが、彼の確認したいことであったのである。彼はそれを《Je ne sais pas ce que je crois》「私は私の信じているものを知らない」という言葉に定式化しようとしている。

「私は私の信じているものを知らない」とマルセルは語った。この一節はじつに重要な問いと視座を示してくれているように思われます。

私たちは、あることを信じたいと思って、それを知ろうと努める。しかしマルセルは、「信じる」と「知る」は、境域を異にする営みだというのです。「信じる」と「知る」が交わることもある。信じる道、知る道のどちらかしか歩けない、というのではない。しかし、「信じる」という道でしか見出せないものがある。

たとえば、「知る」道は山に通じ、「信じる」道は海へつながるとします。私たちはそこでまるで違った光景を目にすることになる。別な言い方をすれば「知る」ことを投げ出したときに「信じる」地平に人は導かれるようにも思われます。

「信じる」とは疑いがない状態ではありません。疑いは信じていることの証しでもある。人は信じていないものを疑うことはありません。まず「信」が存在しなければ、「不信」はない。肯定がなければ、それを打ち消すこともできないのです。

先のマルセルの言葉、さらに越知保夫の言葉を私は、死者の存在を考えるときにいつも思い浮かべます。私は死者の存在を信じている。しかし、それがどこで、どのように存在しているかを検証することもできませんし、それを知ることもできません。ですが、だからこそ信じられるとも感じています。天使、さらには生ける死者である聖人、聖母、神においてすらも同じことがいえるのではないでしょうか。

遠藤周作と沈黙の声

鈴木大拙（一八七〇～一九六六）が『日本的霊性』という本で法然と親鸞は二人の人物だが霊性の視座からみるとき、それを一人格としてとらえた方が適切なのではないかと述べています。二人の人間を一つの霊性的な使命がつらぬいているというのです。

遠藤周作（一九二三～一九九六）と井上洋治（一九二七～二〇一四）の関係を考えるとき、私はいつもこの大拙の言葉を想い起こします。二人は親友であり、日本的霊性とキリスト教という問いを生き、そして考える上での同志でした。この二人の姿は、大きな山にそれぞれ別な方向から一つのトンネルを掘っているようにも見えてきます。

井上洋治は、私の師です。遠藤周作の姿は、井上神父が自宅を開放していた「風の家」で幾度か見たことがあります。

この数年改めて二人の作品を読み直しています。彼らの生前にも大変大きな影響を受けたつもりでおりましたが、今の実感は別で、どれほど読めていなかったかを実感しています。

同時代には読めない言葉というものがあるのです。その人が亡くなってみると、その人の生涯が照らし出してくれる言葉がある。本当に今、われわれは井上洋治を、遠藤周作を改めてやっと読めるところに来たのではないでしょうか。

文学の言葉が定まるには、どうしてもその人物の死が必要なのかもしれません。人は人生によって最後の不可視なコトバを書くといってもよいようにも思います。次に引くのは『沈黙』の終わり近くにある一節です。

怒ったキチジローは声をおさえて泣いていたが、やがて体を動かし去っていった。自分は不遜にも今、聖職者しか与えることのできぬ秘蹟をあの男に与えた。

聖職者たちはこの冒瀆の行為を烈しく責めるだろうが、自分は彼等を裏切ってもあの人を決して裏切ってはいない。今までとはもっと違った形であの人を愛している。私がその愛を知るためには、今日《こんにち》までのすべてが必要だったのだ。私はこの国で今でも最後の切支丹司祭なのだ。そしてあの人は沈黙していたのではなかった。たとえあの人は沈黙していたとしても、私の今日までの人生があの人について語っていた。

ロドリゴは棄教を迫られ、結局、最後は「転ぶ」。しかし、転んでもなお、内なる自分のなかでは一人の司祭が生きているというのです。ロドリゴは単にキチジローの話を聞いたのではありません。遠藤は告解における罪の赦しという「秘蹟」を与えた、とはっきり書いています。棄教してなお、秘蹟のはたらきは消えないというのです。

『沈黙』という小説の根本問題は、キリストはどこにいるという存在の問題であるよりも、どう「はたらく」のかを問うところにあるのではないでしょうか。

神は、言葉によってよりも、沈黙によって、いっそう強く「はたらく」。そうした神の臨在を人はどのように受け止めることができるのか。

遠藤はロドリゴの生涯を通じてそれは力強く働いていた、と書いています。現代人は、神をある時間、ある空間において捉えようとする。しかし、遠藤は、「生涯」という持続する「時」の流れのなかにこそ、それを感じる、というのです。

須賀敦子と霧の彼方

さて、終わりにふれたいのは須賀敦子（一九二九〜一九九八）です。

彼女の生涯とカトリシズムは分かちがたい関係で結ばれていますが、これまで彼女を語る人は、あまりそのことにふれませんでした。遠藤周作を語るときに彼の信仰を無視することはできません。それは須賀敦子も同じです。ある意味では彼女の方がより鮮烈な痕跡を残しているともいえる。

それは先の『沈黙』の主人公ロドリゴの言葉にもあったように単に言説によってではなく、その生涯によって表現されているものでもある。

須賀敦子の文学は、感情の詩学それも悲しみの詩学だといえると思います。それを象徴するものとして彼女は「霧」という言葉をとても大切にしました。彼女の最初の自著は『ミラノ 霧の風景』と題するものです。その「あとがき」にはこう記されています。

いまは霧の向うの世界に行ってしまった友人たちに、この本を捧げる。

この一節を読んだだけで、彼女が霧の向こうの世界をはっきり感じ、信じていることが分かります。

「霧のむこうに住みたい」というエッセイになるとその思いはより鮮明になります。

こまかい雨が吹きつける峠をあとにして、私たちはもういちど、バスにむかって山を駆け降りた。ふりかえると、霧の流れるむこうに石造りの小屋がぽつんと残されている。自分が死んだとき、こんな景色のなかにひとり立ってるかもしれない。ふと、そんな気がした。そこで待っていると、だれかが迎えに来てくれる。

彼女が、作品を書くことになった決定的な契機は夫の死でした。彼女が作家として活動したのは七年ほどでしかありません。この間に彼女はじつに豊饒な仕事をしたのですが、それはすべて夫への手紙だったように思われます。

須賀敦子の文学には、亡き者という不可視な隣人への誠実がある。それが彼女の文学にちからを与えているように思います。そして、彼女の誠実を支えているのは、終わることのない悲しみです。しかし、それはいつしか愛《かな》しみへと姿を変えた。愛しみの詩学、それが須賀敦子の文学の根柢を流れているものであると思います。

増補新版　あとがき

ピート・モンドリアンの絵を見るために、東京・新宿のＳＯＭＰＯ美術館に行った。モンドリアンはシュタイナーに多大な影響を受けた人物で、シュタイナーの人智学と芸術の交点をじっくりと確かめてみたいと思ったのである。

この美術館は、ゴッホの「ひまわり」を所蔵していることでも知られている。モンドリアン展の順路では、最後にその絵を見て帰るようになっていた。

もちろん、凄まじいちからを宿した作品で見る者の足を止める。この絵は一八八八年に描かれた。すでに百三十年以上も前なのだが、時間を感じさせない。それは時間というよりも永遠に守護されているようにも感じられた。

モンドリアン展には、ゴッホの「ひまわり」と呼応するように若きモンドリアンが描いた「枯れゆくひまわりⅡ」という作品があった。ゴッホの「ひまわり」が生命力の表現であるなら、モンドリアンの絵は、この世の生命が朽ちてもなお、朽ちることのないものを表現しているように思われた。

出来事は、そのあとに起こった。ゴッホの「ひまわり」の横にセザンヌの「りんごとナプキン」と題する静物画があった。この美術館がセザンヌを常設していることは知らなかったので、新鮮な驚きがあった。

どれだけその絵を見ていただろう。ゴッホの作品の前には人だかりがあった。しかし、セザンヌの絵は、多くの人は一瞥するだけで、長くそれを見ていても迷惑になるようには感じられなかった。

これまでもセザンヌの絵は、国内外で幾度となく見てきた。しかし、今回の作品に巡り会い、はじめてセザンヌに会ったという心地がした。絵を見ていると、この一枚を描く画家の姿が髣髴《ほうふつ》としてくるような感じさえしたのである。絵を通じて画家のアトリエに案内されたような経験のなか、想い出されたのは越知保夫がこの画家をめぐって書いた一節だった。

セザンヌは「自然は表面的なものではない、深さがあるのだ。色は深さの表面に出た表情である。色は世界の根に通じている。それは世界の生命であり、思考の生命である」と言っているが、小林〔秀雄〕にとっても「形」というものは、そういうものだったに違いない。形は表面にあって、深さを蔽うものではない。形をこわすことによって深さが現われるのではなく、形がととのえられるにしたがって深さが現前してくるのである。一言に言えば、混乱は底が浅い、深さとは秩序の世界なのである。

「物」を「色」によって描くことで存在の深みを現出させること、そこにセザンヌの試みがあった。この画家が浮かび上がらせようとしたのは、現象の世界ではなく、いわば「いのち」の世界と呼ぶべきものだった。それは小林秀雄が「形」をめぐって考えていたことと強く呼応する、というのである。

ここでの問題は、何を通じてなのか、という点にあるのではない。問われているのはもちろん「いのち」の世界、「いのち」の国と呼ぶべき地平そのものである。越知保夫にとって芸術とは、何かを通じて人を「いのち」の境域、永遠の「いのち」の地平へと導く営みにほかならなかった。「いのち」の国への道は一つではない。文学は芸術たりえるのか、というのが越知保夫の根本問題だったのである。

二〇二一年で、越知保夫は没後六十年になる。生前は、一冊の自著も世に送ることのなかった人物の言葉が、半世紀を超えて読み継がれ、今も人の心に問いと驚きと平安を届けている。これはやはり稀有なことである。
越知保夫の文学が、世紀を超えて読まれるべきものであることは歴史が証明した。問題は、こうした精妙にして、強靱なる言葉と対話するための読者の準備にある。私たちが、聖性や美や愛という問題を真摯に問うことを諦めなければ、彼の言葉は、これからも私たちに何かを照らし出してくれるだろう。

この本の初版が世に送られたのは二〇一一年八月だった。もう十年以上が過ぎたことになる。当時の編集者は、トランスビューにいた中嶋廣さんで、彼は、まだ本を一冊も出していない私を、文字通りの意味で発見してくれた。そして、越知保夫をめぐって一冊の本を書いてほしいと言ってくれた。あのときの喜びは、今も忘れがたい。

『生きがいについて』のなかで神谷美恵子が「生きがいをうしなったひとに対して新しい生存目標をもたらしてくれるものは、何にせよ、だれにせよ、天来の使者のようなものである」と書いているが、あのとき経験したのはまさにそうした経験だった。中嶋さんと出会うことがなければ、私は真剣にものを書くのを諦めていたかもしれない。彼は、今――その当時の――の私と、将来の私を、いつも複眼的に見ていた。

今、何も起こらないことに不安を覚える私に、彼が見る将来をそっと伝えてくれる。そのことがどれだけのちからを与えてくれたか分からない。その出会いに改めて感謝を送りたい。

増補新版を担当してくれた編集者は、亜紀書房の内藤寛さんである。どこまでも原形を尊重し、新生させるというのは力量が求められる仕事である。その成果は、帯文やこの本に添えられた言葉にも充溢している。

校正・校閲は、牟田都子さんに担当してもらえた。牟田さんの仕事には高次の安心と信頼がある。誤りがないことへのそれであるよりも、意味が確かになるということにおける深い安心と信頼なのである。

装画は、これまでの復刊シリーズに続いて西淑さんにお願いできた。西さんの仕事はいつもまず、見る者のこころを動かす。あるいは、こころのありかを告げ知らせるといってもよいかもしれない。本書の装画は、そうしたはたらきをいっそう強くもつように感じられた。

装丁は、コトモモ社のたけなみゆうこさんにお願いできた。装丁は、本という形に調和と手応えを生む仕事である。今回も、この本にふさわしい、それらが生まれたことに深く感謝している。

意味のある仕事は、そこに携わる者の真摯な熱意に比例する。本書はその結晶のような一冊になった。そのちからによって、越知保夫の精神がふたたび語り始めるのを願ってやまない。

原版の版元である株式会社トランスビューの皆さんには、このたびの増補新版の刊行に際しても、これまでと同様に多分のご理解をいただいた。この場を借りて、深く御礼を申し上げます。

二〇二一年九月二十九日　遠藤周作の没後二十五年を思いつつ

若松英輔

【初出】

本書は、『神秘の夜の旅』（トランスビュー発行、二〇一一年）に「遅れてきた遺言」「驢馬の仕事」「悲しみの神学——近代日本カトリック感情史序説」「増補新版　あとがき」を加えてまとめたものです。

「遅れてきた遺言」　未詳

「驢馬の仕事」　「第14回三田文学新人賞評論部門」当選のことば、「三田文學」二〇〇七年春季号

「悲しみの神学——近代日本カトリック感情史序説」
聖心女子大学キリスト教文化研究所公開講演・二〇一六年六月十八日

若松英輔（わかまつ・えいすけ）

一九六八年新潟県生まれ。批評家、随筆家、東京工業大学リベラルアーツ研究教育院教授。慶應義塾大学文学部仏文科卒業。二〇〇七年「越知保夫とその時代 求道の文学」にて第十四回三田文学新人賞評論部門当選、二〇一六年『叡知の詩学 小林秀雄と井筒俊彦』（慶應義塾大学出版会）にて第二回西脇順三郎学術賞受賞、二〇一八年『詩集 見えない涙』（亜紀書房）にて第三十三回詩歌文学館賞詩部門受賞、『小林秀雄 美しい花』（文藝春秋）にて第十六回角川財団学芸賞、二〇一九年に第十六回蓮如賞受賞。

著書に『イエス伝』（中央公論新社）、『生きる哲学』（文春新書）、『霊性の哲学』（角川選書）、『悲しみの秘義』（ナナロク社、文春文庫）、『内村鑑三 悲しみの使徒』（岩波新書）、『詩集 たましいの世話』『常世の花 石牟礼道子』『本を読めなくなった人のための読書論』『弱さのちから』『魂にふれる 大震災と、生きている死者［増補新版］』（以上、亜紀書房）、『詩と出会う 詩と生きる』『14歳の教室 どう読みどう生きるか』（以上、NHK出版）、『霧の彼方 須賀敦子』（集英社）など多数。

神秘《しんぴ》の夜《よる》の旅《たび》

越知保夫《おちやすお》とその時代《じだい》［増補新版《ぞうほしんぱん》］

二〇二一年十一月一日 初版第一刷発行

著者 若松英輔

発行者 株式会社亜紀書房
郵便番号 一〇一-〇〇五一
東京都千代田区神田神保町一-三二
電話 〇三-五二八〇-〇二六一
振替 00100-9-144037
https://www.akishobo.com

装丁 たけなみゆうこ（コトモモ社）

装画 西淑

印刷・製本 株式会社トライ
https://www.try-sky.com

Printed in Japan ISBN978-4-7505-1720-9

若松英輔の本

生きていくうえで、かけがえのないこと　一三〇〇円＋税

言葉の贈り物　一五〇〇円＋税

言葉の羅針盤　一五〇〇円＋税

種まく人　一五〇〇円＋税

常世の花　石牟礼道子　一五〇〇円＋税